하나님 앞에서
공부하는 아이

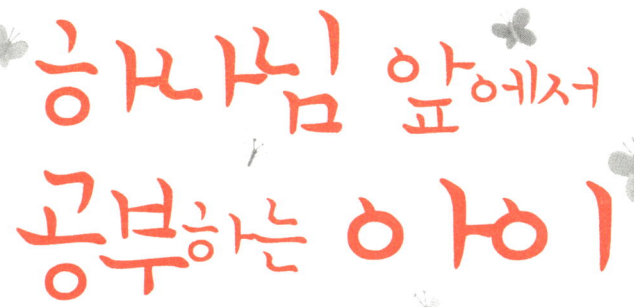
하나님 앞에서 공부하는 아이

박상진, 방선기, 정병오 지음

좋은씨앗

하나님 앞에서 공부하는 아이

초판 1쇄 발행 2011년 11월14일
초판 3쇄 발행 2016년 3월 12일

지은이 박상진, 방선기, 정병오
펴낸이 신은철
펴낸곳 도서출판 좋은씨앗
출판등록 제 4-385호(1999.12.21)
주소 서울시 서초구 양재동 바우뫼로 156
주문전화 (02)2057-3041 주문팩스 (02)2057-3042
페이스북 facebook.com/goodseedbook
ISBN 978-89-5874-176-3 03230

이 책의 저작권은 저자와 독점계약한 좋은씨앗 출판사에 있습니다.
저작권법에 의하여 한국 내에서 보호받는 저작물이므로
무단전재와 무단복제를 금합니다.

기독교교육 전문가 3인이 말하는 희망의 교육 이야기

추천사 recommendation

한국인은 종교적 열정을 교육에 쏟고 있고 그것은 사교육 과잉 등 수많은 문제를 야기합니다. 그러나 교회는 이들 문제에 대해서 체계적인 해답은커녕 해답하려는 시도도 하지 못했습니다. 그래서 그리스도인들도 세상의 논리에 따라 자녀를 교육할 수밖에 없었습니다. 이런 상황을 조금이라도 고쳐보고자 박상진, 방선기, 정병오 세 분이 이 책을 냈습니다. 교육이 무엇이며 기독교적 세계관에 입각해서 교육하는 것이 어떤 것인지에 대해서 누구보다 더 고민하고 연구했습니다. 오랫동안 교제를 통하여 그들의 능력과 신실함을 잘 알기 때문에 자신 있게 이 책을 추천합니다.

— 손봉호 (고신대 석좌교수)

요즘 우리의 자녀들을 보면 지나친 표현이겠지만 서커스단에서 잘 조련된 호랑이나 코끼리를 보는 것 같습니다. 사람들을 놀래키는 기술은 습득했지만 동물의 존엄성은 상실한 불쌍한 모습 속에 우리 아이들의 모습이 겹쳐 보이기 때문입니다. 우리 사랑하는 아이들은 서커스단의 호랑이가 아니라 하나님의 마음과 생각 그리고 품성을 갖춘 훌륭한 인격으로 교육 받아야만 합니다. 이 책을 통하여 그런 도전을 받을 수 있게 되기를 기대합니다.

— 김동호 (높은뜻교회연합 대표 목사)

교회는 어두운 세상을 위하여 하나님이 주신 희망입니다. 우리 교육현장에 깃든 어둠 속에서도 교회는 희망이 되어야 합니다. 우리에게는 예수 그리스도가 주신 약속과 진리가 있습니다. 교회가 그 약속과 진리를 새롭게 품을 때 우리의 가정과 자녀들을 아름답게 세울 수 있을 것입니다. 우리를 새롭게 도전하는 이 책을 모든 성도들이 함께 읽기를 강력히 추천합니다.

– 박은조 (샘물교회 목사, 샘물기독학교 이사장)

한국 교회가 약화된 여러 요인 중 하나가, 기독교인조차 세속의 이익을 움켜쥐기 위한 입시 경쟁에서 승리하고 보려는 반 기독교적 문화를 꾸짖지 않고 오히려 신앙의 이름으로 덥석 움켜잡은 탓이라고 봅니다. 교육에 관한 한 전면적 종교개혁이 시작되어야 할 때입니다. 썩은 것, 무감각한 것을 걷어내고 광야에서 외치는 소리처럼, 마른 벌판을 태우는 들불처럼 진리의 빛이 필요한 때입니다. 평상시 제가 존경하는 세 분이 쓴 이 책이 그 빛이 되었으면 합니다.

– 송인수 (사교육걱정없는세상 대표)

차례 contents

추천사 6
프롤로그_ 하나님의 교육을 꿈꾼다 10

1장 우리 사회의 고질병, 입시 사교육

야구장 관중석에서 일어난 일 16 개천에서 용 난다, 언젯적 얘깁니까? 19 교육, 생존이 달린 노동이 되다 22 어릴 때부터 겪는 입시 사교육 열풍 26 주일 아침 당신의 자녀는 어디에? 31 신앙이란 이름의 불편한 진실 37

2장 교육, 관점부터 바꿔라

교육이란 무엇인가? 50 왜 학년이 올라갈수록 학습 의욕이 떨어지는가? 54 성공을 위한 교육, 잘못된 것인가? 58 신앙은 공부의 걸림돌인가? 62 발견과 발굴의 교육으로 돌아서라 65 사교육보다 중요한 것은 마음자세 70 나를 행복하게 만드는 자기주도 학습법 74 호기심이 집중력을 낳는다 78

3장 부모, 욕심을 버려라

교회 다니는 부모입니까? 84 자녀교육에 집착하는 엄마들 86 교육에도 내려놓음이 필요하다 90 왜 신앙 사교육은 하지 않는가? 95 성경적 자녀학습 세우기 100 자녀의 은사와 능력에 맞게 105 사교육의 부작용 112 교육은 기다림이다 118 대안교육을 찾아서 123 기독학부모운동을 꿈꾸다 128

4장 학교, 돌파구를 찾아라

학부모가 교육의 제1주체 134　공교육, 어정쩡함을 벗고 교육의 본질을 붙들라 138　학생과 학부모에게 책임을 져라 142　공립학교에서는 복음을 말할 수 없는가? 146　미션스쿨은 어디로 가야 하는가? 151　기독교 대안학교, 어떤 대안을 제시할 것인가? 156

5장 교사, 희망을 심어라

교직의 인기, 그 빛과 그림자 162　교사를 움직이는 지렛대는 무엇인가? 168　기독교사는 우리 교육의 대안이 될 수 있는가? 173　기독교사운동을 향한 일반 교육계의 탄식 177　공교육에서 기독교사운동이 어떻게 가능한가? 180　기독교사 공동체가 희망이다 183

6장 교회, 비전을 제시하라

교육에 대한 꿈을 버리지 말라 192　고통의 교육에서 출애굽 하라 195　삶의 전 영역에서 제자도를 묻다 198　한국 교회가 실천할 수 있는 대안 202　교회가 학교로 들어가야 한다 207　교회와 학교의 담 허물기 211　대안학교를 꿈꾸는 교회들에게 215　지금 여기서 시작되는 거듭난 교육 219

프롤로그
하나님의 교육을 꿈꾼다

"오늘의 교육현실, 이것은 아니지 않은가?" 지난 30여 년 동안 품고 있던 질문이다. 하나님이 기대하시는 교육과 너무나 괴리된 교육현실을 보면서 안타까웠다. 그러나 그 교육을 바꾸기에는 왜곡이 워낙 강하고 깊었다. '교육'이라는 단어만 봐도 눈물이 났지만 그 교육을 변화시킬 수 있을지에 대한 확신이 부족했다.

왜곡된 우리 교육의 한복판에 입시와 사교육 문제가 자리 잡고 있다. 아무리 정권이 바뀌고 대통령이 바뀌어도 해결하지 못한 교육 문제의 뿌리이다. 우리 교육의 문제는 줄기나 꽃의 문제라기보다는 뿌리의 문제이다. 그것이 암 덩어리처럼 교육의 심연에 뿌리박혀서 모든 교육을 마비시키고 있다. 입시와 사교육의 문제를 어떻게 해결할 수 있을 것인가? 입시·사교육의 문제는 단지 학교교육을 왜곡시킬 뿐만 아니라 교회교육을 파행으로 몰아간다. 입시 위주의 교육과 사교육 팽창은 교회학교를 위축시키는 가장 큰 요인이 되고 있다.

교회 다니는 부모들마저 주일 아침에도 자녀들을 학원에 보내는 것이 흔한 일이 되어버렸다. 입시와 사교육 문제가 가정을 황폐화시키고 있다. 과연 한국에 기독교 가정이 있는가? 하나님이 가정을 창조할 때 가지고 계셨던 청사진 그대로의 모습을 이루고 있는 가정은 몇이나 되는가? 입시와 사교육은 교회와 가정, 학교를 왜곡시키고 기독교교육의 근본을 뒤흔들고 있다. 어떻게 교육의 이 쓴뿌리를 뽑을 수 있으며 암 덩어리를 들어낼 수 있을 것인가?

입시·사교육의 문제는 단지 교육 문제이거나 사회 문제가 아니라 영적 문제이며 신앙의 문제이기도 하다. 그것은 분명 가치관 싸움의 현장이다. 하나님을 믿는 가치관과 불신앙의 가치관이 충돌하고 있다. 불행히도 그동안 입시와 사교육에 대한 기독교적인 관점에 대해 논의가 거의 없었다. 그리스도인이 입시와 사교육을 어떻게 바라보아야 할지에 대해 분명하게 얘기해주는 사람도 거의 없었다. 오히려 세속의 관점이 교회 속으로 들어와서 교인들마저 기독교의 가치관에 따라 자녀를 교육하는 것이 아니라 옆집 엄마 말에 휘둘리고 있는 실정이다.

'교회 다니는 부모'는 많지만 진정한 의미에서 '그리스도인 부모'를 찾기가 어렵다. 기독교학교교육연구소에서는 두 해에 걸쳐서 입시에 대한 기독교적 접근을 연구했고 그 결과를 두 권의 책으로 발간했다. 「입시에 대한 기독교적 이해」와 「입시에 대한 기독교적 대응 방안」이다.

놀라운 것은 하나님이 비전의 동역자들을 예비해두셨다는 사실이다. 직장사역연구소의 방선기 목사는 직장인 사역을 하면서 그들 가정의 가장 심각한 문제가 입시와 사교육 문제임을 간파하고 있었다. 좋은교사운동의 정병오 대표는 기독교사운동을 하면서 입시와 사교육 문제를 넘지 않고서는 기독교적 교육이 가능하지 않음을 뼈저리게 느끼고 있었다. 이들과 만나면서 '입시·사교육 바로세우기 기독교운동'이 출범되었다. 지난 몇 해 동안 이들과 함께하면서 공동체가 얼마나 강하고 아름다운가를 경험할 수 있었다. 이 책은 우리의 비전을 담고 있다. 색채는 약간씩 다르지만 우리가 분명하게 공유하는 비전이 있다. 한 줄기 빛이 스펙트럼으로 나타나고 그 스펙트럼이 다시 강한 한 줄기 빛으로 합해지는 것과 같다.

기독교 언론인 〈기독공보〉의 '입시·사교육을 바로 세웁시다'라는 칼럼에 그동안 연재한 글들을 주제별로 모았다. 이 글들은 우리의 탄식과 안타까움, 반성과 회개 그리고 변혁을 위한 소망과 기도를 담고 있다. 이 책은 일종의 비전 초대장이다. 이 땅의 교육에 애통함이 있는 사람들, 그래서 하나님의 교육을 소원하는 사람들을 찾아내 동역의 길로 초대한다.

이 책은 올바른 자녀교육을 꿈꾸는 모든 부모들과 이 땅에 하나님의 교육을 이루길 원하는 모든 교사들을 위해 쓰였다. 또한 잠자는 교인들, '교회 다니는 부모'들을 일깨워 진정한 그리스도인 부모로 세워 교육의 영역에서 하나님 나라를 이루기 원하는 한국 교회의 모든 목회자들에게 일독을 권한다.

입시 위주의 교육과 사교육 팽창의 문제는 해결될 수 있다. 오직 하나님의 방식대로 자녀를 교육하리라고 다짐하는 부모들과 교사들, 목회자들만 있다면.

— 박상진

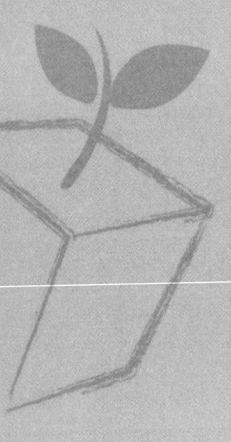

여전도회에서든 구역 모임에서든 자녀교육에 대한 알짜 정보나 성공 신화를 알고 있다고 자부하는 사람들의 확신에 찬 이야기들이 성경보다 더 큰 권위로 우리의 생각을 지배하고 행동을 바꾸고 있다. 그 사람들의 말은 과연 사실에 근거한 것인가? 내가 교육에 대해 알고 있고 옳다고 믿는 내용들은 실제로 얼마나 정확한 것인가? 또 얼마나 성경적인 것인가?

1장
우리 사회의 고질병, 입시 사교육

_ 야구장 관중석에서 일어난 일
_ 개천에서 용난다, 언젯적 얘깁니까?
_ 교육, 생존이 달린 노동이 되다
_ 어릴 때부터 겪는 입시 사교육 열풍
_ 주일 아침 당신의 자녀는 어디에?
_ 신앙이란 이름의 불편한 진실

야구장 관중석에서
일어난 일

교육은 사람들이 행동하지 않을 때
행동하도록 가르치는 것이다. —마크 트웨인

야구장 관중석, 맨 앞줄에 앉아 있던 한 사람이 야구 경기를 좀 더 잘 보려고 일어났다. 그러자 그 뒷줄에 앉아 있던 사람도 일어났다. 이렇게 한 사람씩 일어나다보니 어느새 관중들 모두가 일어나 경기를 보게 되었다. 앉아 있자니 경기 관람을 아예 포기해야 하고 서서 보자니 다리가 아플 뿐 아니라 너도 나도 다 서서 보다보니 경기가 딱히 더 잘 보이는 것도 아니었다. 경기가 진행되는 서너 시간 동안 힘은 힘대로 들고 야구 경기를 제대로 볼 수 없어 모두가 발을 동동 구르는 현상이 나타났다.

상황이 이렇게 되자 야구장에는 경기를 더 잘 볼 수 있도록 굽 높은 구두를 파는 장사꾼이 등장했다. 아예 의자 위에 올라가서 보라고 이동용 의자를 파는 장사꾼도 나타났다. 또 오랫동안 서 있느라 다리 아플 때 붙이거나 뿌리는 약도 팔리기 시작했다. 어린 자녀들과 함께 온 부모들은 자녀들이라도 야구 경기를 잘 보게 하려고 너도 나도 아이를 어깨에 올리기 시작했다. 그러다 아이나 부모가 다치는 경우도 생겼다.

안타까운 것은 상황이 이 정도로 힘들어지면 누군가가 나서서 다같이 앉아서 경기를 보자는 제안을 할 법도 한데 서로 눈치만 볼 뿐 아무도 먼저 나서지 않는다는 점이다. 저마다 자리에 앉아서 보되 각자의 취향에 따라 어떤 사람은 본부석 뒤에서, 어떤 사람은 1루석 혹은 3루석 옆에서 자신이 좋아하는 팀을 응원하며 경기를 관람하는 게 옳다는 생각은 한다. 하지만 섣불리 나섰다가 "왜 관람을 방해하느냐", "그렇게 잘난 너나 앉아서 봐라"는 비난을 듣거나 그나마 지금 확보하고 있는 자리마저 뺏기게 될까 봐 서로 눈치만 보면서 불편하고 합리적이지 못한 일을 되풀이하고 있는 것이다.

무엇보다 심각한 점은 이렇게 모든 사람들이 서서 힘들게 경기를 관람하며 불편을 겪고 안전에 위협을 받고 있음에도 불구하고 경기장 관리인들이 이런 문제를 방치하는 것도 모자라 "현재처럼 서서 보는 것만으로는 부족하니 더 높은 자리로 올라가서 보라"는 위험한 주문을 하고 있다는 것이다. 한 술 더 떠서 이런 현상의 원인이 누구나 똑같이 야구 경기를 볼 수 있게 만든 야구장의 구조에 있으니 아예 야구장 관람석의 구조를 바꾸자고 주장한다. 일반석보다 한층 더 높은 특별석을 만들어 돈을 더 낸 사람에게만 내주자는 것이다.

이제는 '다른 사람들도 다 그런데 뭐'라는 생각을 떨쳐야 할 때가 되었다. 경기를 보는 일에 급급해하는 데서 벗어날 때가 되었다. "우리가 왜 이런 식으로 경기를 보아야 하는가?"라고 질문할 때가 되었다. 경기 관람만 할 수 있다면 무슨 일이든 불사할 수 있다는 생각에서 벗어날 때가 되었다. 야구 경기가 인생의 전부가 아니라고 말할 때가 되었다.

누가 그 일을 할 것인가? 지금은 비록 다른 사람들과 다를 바 없이 서서 경기를 보고 있을지라도 야구 경기보다 훨씬 더 의미 있고 소중한 것이 있음을 아는 사람들이다. 그들이야말로 모두가 앉아서 경기를 보자고 제안하고 이를 먼저 실천할 수 있는, 그래서 건강한 관중석 분위기를 만들 수 있는 마지막 희망이다.

개천에서 용 난다, 언젯적 얘깁니까?

> 교육이란 살기 위한 수단으로 주어지는 것이 아니라
> 삶을 얻은 후 이를 어떻게 다룰 것인가를 배우는 것이다. —무명

'2009년 한국인 사망 통계'를 보면 2009년 자살률이 전년도에 비해 19.3퍼센트나 증가했다. 충격적인 것은 이 가운데 10대의 자살률이 전년에 비해 40.7퍼센트나 증가했다는 것이다. 그렇지 않아도 힘든 무한경쟁에 시달리던 아이들에게 더 많은 경쟁을 요구했던 지난 교육정책을 반영하고 있다.

우리 아이들이 세계 그 어느 나라 아이들보다 많은 시간 동안 공부를 하는 내적 동기는 '불안'에 있다. "너 공부 안 하면 대학 못 가", "이렇게 공부해서 제대로 된 직장이나 다니겠니?"라고 어른들이 끊임없이 불안을 주입한다. 이런 불안을 잘 내면화해 중·고등학교 6년 동안 흔들리지 않고 공부에 매달린 아이는 이른바 '스

카이' 대학에 진학하는 반면, 그렇지 못한 아이는 '공부가 인생의 전부인가?', '꼭 이런 식으로 공부해야 하는가?'라는 의문을 품을 때마다 한 단계씩 자신이 원하는 대학과 멀어진다.

우리 아이들은 일정 이상의 불안을 안고 살아간다. 공부 못하는 아이는 못해서 불안해하고 잘하는 아이는 성적이 떨어질까 봐 불안해한다. 이렇게 과도한 불안을 안고 살아가는 청소년들이 자살충동을 많이 느끼는 것은 어쩌면 당연한 일인지 모른다. 그래선지 중고 시절에 외국에 조기유학을 간 아이들은 그곳에서 느끼는 많은 불편함에도 불구하고 "이곳에선 불안하지 않아서 좋다"라고 고백한다.

지나친 경쟁이 무의미한 반복학습을 낳고 아이들을 과도한 불안으로 몰아넣는 지금의 교육 현실은 쉽게 바뀔 것 같지 않다. 사회안전망이 보장되지 않은 현재, 직업 간의 임금과 안정성 격차가 더 벌어지고 있다. 부자 부모를 두지 않은 대부분의 아이들은 몇 자리 남지 않는 학벌 티켓을 차지하기 위해 경쟁해야 하는 것이 우리 사회의 현실이다. "개천에서 용 난다"는 말은 그동안 우리 사회에서 교육이 차지하는 역할과 교육에 대한 기대, 사회의 역동성을 단적으로 표현해주었다. 하지만 우리 사회는 더 이상 교육으로는 개천에서 용이 날 수 없는 슬픈 사회가 되어버렸다.

일제 강점기와 해방, 한국전쟁으로 이어지는 혼란기는 우리 역사에서 매우 어둡고 힘들었지만 동시에 그동안 한국 사회를 지배해왔던 신분제가 완전히 무너지는 시기이기도 했다. 덕분에 1950년대 이후에는 교육을 통한 신분 상승이 매우 활발하게 일어났다. 이 시기에 학교교육은 계층 이동과 신분 상승의 거의 유일한 통로이자 누구에게나 열린 길이었다. 그래서 뜻 있는 부모들은 자신들은 당장 굶주리더라도 자녀를 어찌하든 상급학교에 보내려고 했다. 이렇게 교육 받은 사람들은 1970년대 이후 급속한 산업화와 맞물려 우리 사회의 중산층을 형성했다. 이 시기에 개천에서 용이 난 신화가 무수히 탄생했다.

하지만 교육을 통해 개천에서 용이 된 사람들이 우리 사회의 중산층을 두텁게 형성하면서 상황은 바뀌기 시작했다. 그들은 이제 자기 자녀들에게 중산층의 안정된 삶을 물려주기 위해 막대한 투자를 한다. 개천에서 아무리 용써봐야 소용없고 한강이라는 큰 물에서 놀아야 용이 될 수 있도록 교육환경을 바꿔버린 것이다. 더욱이 이들은 용이 되기 위해 아무나 한강으로 들어오는 것을 막기 위해 둑을 쌓는 지경에 이르렀다. 각종 사교육을 만들어내고 조기 영어교육을 강조하고 특목고도 모자라 국제중학교까지 만들어낸 것이다.

교육,
생존이 달린 노동이 되다

> 인간을 지력으로만 교육하고 도덕으로 교육하지 않는다면,
> 사회에 위험 요소를 키우는 것이다. —루스벨트

잠시 19세기 유럽으로 돌아가보자. 그때는 산업혁명의 여파로 생긴 어린이들의 노동이 사회의 큰 문제였다. 한창 즐겁게 놀아야 할 아이들이 하루 종일 공장에서 햇볕도 못보고 노동을 해야만 했다. 지금 생각해보면 도무지 용납할 수 없는 일이다. 당시 생각 있는 사람들은 아이들이 처한 현실을 안타깝게 여기며 아이들에게 노동을 시키는 공장주나 아이를 일터로 내모는 부모들을 비판했다. 그 중 한 사람이 「레미제라블」을 쓴 빅토르 위고였다.

그는 당시의 현실을 보고 안타까워하면서 한 편의 시를 썼다. '멜랑꼴리아'라는 제목의 이 시는 당시 공장에서 노동을 해야만 했던 아이들의 비참한 현실을 통탄하면서 그렇게 만든 어른들을

통렬하게 비난하고 이 문제를 하나님께 부르짖는 것으로 끝을 맺는다.

"그들은 새벽부터 저녁까지 끝없이 일한다. 똑같은 감옥에서 똑같은 움직임으로." "그들은 감옥 안에서 결백한 사람처럼, 지옥에서 천사처럼 일한다." "절대로 중단하지 못하고, 절대로 놀지도 못한다." "그들은 이렇게 하나님께 소리치는 것 같다. '우리 아버지, 우리는 어린아이예요. 그런데 어른들이 우리에게 한 일을 좀 보세요.'" "누가 이런 비참함을 만들어서 돈을 벌고 있는가?" "누가 활짝 펴지도 못한 어린 시절을 꺾어버리는가?" "누가 그들의 영혼을 기계에 넘겨주고 있는가?" "오 하나님! 노동의 이름으로 저주받을지어다." "참된 노동의 이름으로 사람들을 자유롭게, 인생을 행복하게 만들지어다."

이제 그런 비극은 대부분의 나라에서 과거사가 되었지만 가난한 나라에서는 지금도 지속되고 있다. 학교에서 공부하고 즐겁게 뛰어놀아야 할 아이들이 공장에서 중노동을 하고 있다는 것은 세계화가 빚어낸 안타까운 현실이다.

다행히 우리나라에는 그런 노동에 시달리는 아이들은 별로 없다. 대신 교육이라는 이름으로 많은 아이들이 공부에 시달리고 있다. 위고의 시를 읽으면서 문득 학교나 학원에서 고통받고 있는 우리 아이들의 모습이 떠올랐다. 문장 하나하나가 오늘 우리 아이들

> 2004년 OECD 조사에 의하면 우리나라 15세 학생들의
> 주당 공부 시간은 평균 50시간으로 주당 28시간
> 공부하는 스웨덴, 노르웨이의 두 배에 가깝다. 하루 8시간
> 주당 40시간으로 노동량을 제한하고 있는 우리나라의
> 현 노동법으로 보아도 엄청난 학습 노동에 시달리고 있는 셈이다.

이 처한 현실에 그대로 맞아 떨어진다. 공장에서 노동하는 아이들을 학교나 학원에서 공부하는 아이들에 빗대는 것은 지나치지 않느냐고 말할 사람이 있을지 모르겠다. 그러나 현재 우리 아이들이 느끼고 있는 감정은 그 시대의 아이들이 중노동에 시달리며 느꼈던 감정과 크게 다르지 않은 것 같다.

2004년 OECD 조사에 의하면 우리나라 15세 학생들의 주당 공부 시간(학교 내 공부와 학교 밖 공부 포함)은 평균 50시간으로 타의 추종을 불허한다. 주당 28시간 공부하는 스웨덴이나 노르웨이의 두 배에 가깝다. 하루 8시간 주당 40시간으로 노동량을 제한하고 있는 우리나라의 현 노동법으로만 보아도 우리 아이들은 엄청난 학습 노동에 시달리고 있는 셈이다.

이렇게 학교와 학원을 오가며 공부를 많이 하더라도 그것이 아이들에게 의미가 있다면 괜찮다. 문제는 학교와 학원의 공부 둘 다

명문대 입학을 향한 한 줄 서기 경쟁에서 좀 더 앞서기 위해 문제 풀이 중심의 반복 암기 학습을 한다는 데 있다. 좀 더 깊은 창의력과 지적 호기심을 키우는 공부가 아니라 실수하지 않기 위해 반복하는 공부, 그래서 시험을 잘 보는 것 외에 인생이나 학문에 크게 도움이 되지 않는 공부를 우리 아이들이 하고 있다. 엄청난 투입에 비해 교육 효과가 낮은 고비용 저효율의 교육이다.

현재 우리나라의 대학 진학률은 83퍼센트를 훌쩍 넘겨 세계 최고의 수준에 해당한다. 이것은 결코 자랑할 만한 통계가 아니다. 실제로 우리 사회의 직업 구조가 이만한 수의 대졸자를 요구하지 않기 때문에 높은 대학 진학률은 고학력 실업 문제와 더불어 실무 기술 인력의 부족이라는 문제를 낳고 있다.

비싼 대학 등록금으로 인해 가계 빚이 늘고 청년 신용불량자가 양산되는 문제는 또 어떠한가? 부모는 부모대로 자녀교육에 온 힘을 쏟아붓느라 노후를 준비하지 못하고 자녀들 역시 엄청난 교육 노동으로 인해 전인적으로 자라지 못하고 있다. 어떤 이는 이런 우리 사회를 가리켜 "교육과 관련해 온 국민이 일치단결하여 낭비하는 사회"라고 정의했다.

어릴 때부터 겪는 입시 사교육 열풍

지식이 인품을 밀어내고 있다.
이제 양육은 사라지고 교육만 남았다. —에렌부르그

명문대의 문은 좁고 들어가려는 사람은 많다보니 대학 진학 과정에서 엄청난 사교육비가 투입된다. 아무리 경제가 어려워도 자녀들 사교육비는 줄이지 못하겠다고 할 정도로 우리나라 부모들의 교육열은 대단하다. 내 자식의 교육을 위해서라면 당장은 힘에 부쳐도 투자하겠다는 것이 모든 부모들의 심정이다. 그러나 사교육이 정말 자녀들의 교육에 도움이 되는지는 미지수이다. 사교육을 받은 아이들은 주도적으로 공부하기보다 누군가에게 의존하는 법을 먼저 배운다. 요즘은 대학에 들어가서도 사교육의 도움을 받는 학생들이 있다고 하니 더욱 염려된다.

물론 사교육이 꼭 필요한 경우도 있다. 몸에 이상이 생기면 의사의 진료를 받고 적절한 약을 처방받듯이 아이들이 공부를 못 따라가는 것 같으면 사교육으로 보충해줄 수 있다. 사교육 자체를 부정하거나 사교육의 효과를 무시하는 것은 아니다. 아무리 공교육이 정상화된다고 해도 여전히 사교육이 필요한 부분이 있다. 학교에서 피아노를 안 가르쳐주니 아이를 피아노 학원에 보내는 것이 뭐가 문제가 되겠는가? 학교에서 가르쳐주는 영어로는 성에 안 차니 영어학원에서 따로 공부하도록 하는 것이 뭐가 문제가 되겠는가? 학교 공부를 잘 따라가지 못하기 때문에 보완할 필요가 있어서 사교육 시키는 것을 누가 비판할 수 있겠는가? 그런 의미에서 사교육은 잘 활용만 하면 자녀들의 교육에 득이 된다.

그런데 약의 경우와 마찬가지로 아니 그 이상으로 사교육의 심각한 부작용을 알아야 한다. 사교육이 당장 성적을 올리는 데는 효과가 있는지 모르지만 지속적으로 시킬 경우 아이들의 학습의욕은 점점 떨어진다. 실제로 우리나라 아이들의 시험 성적은 다른 나라에 비해 우수하지만 학습의욕은 현저히 떨어진다는 통계가 있다.

약을 자꾸 먹다보면 약에 의존하게 되듯이 사교육 역시 지나치면 사교육에 의존하게 되기 쉽다. 사교육에 중독되는 것이다. 부모가 사교육에 의존하면 당사자인 아이들도 점차 사교육에 의존하게 된다. 그렇게 되면 나이가 들어가면서 스스로 공부하는 능력을 잃고 나중에 성인이 되어서 독립적으로 살아가는 능력마저 퇴화될

> 약을 자꾸 먹다보면 약에 의존하게 되듯이
> 사교육 역시 지나치면 의존하게 되기 쉽다. 중독되는 것이다.
> 부모가 사교육에 의존하면 당사자인 아이들도 점차
> 사교육에 의존하면서 결국 스스로 공부하는 능력을 잃고
> 성인이 되어서 독립적으로 살아가는 능력마저 퇴화될 수 있다.

수 있다. 심지어 졸업 후 직장이나 직업을 선택하는 일도 누군가에게 의존하게 된다. 직장에 갓 들어온 신입사원에게 어느 부서에서 일하고 싶으냐고 물었더니 엄마에게 전화를 걸어서 물어보더라는 웃지 못할 이야기가 있다. 웃자고 하는 소리겠지만 어릴 때부터 자기 힘으로 공부해보지 않은 사람에게 얼마든지 일어날 수 있는 일이다. 그런데도 아무도 이 문제에 신경 쓰지 않고 계속해서 자녀들에게 사교육이라는 약을 과다하게 먹이고 있다. 다른 집 아이들도 다 그렇게 하고 있다는 것을 유일한 위로로 삼는다.

전통적으로 우리나라 사교육은 고등학교 단계에 집중되어 있었지만 그 시장은 이미 포화 상태가 되었다. 그러자 사교육 시장은 새로운 수요를 창출하기 위해 중학교나 초등학교 단계에서 사교육 수요를 만들어내기 위해 노력해왔다.

이러한 사교육 업체의 요구에 발맞추어 나온 정부의 정책이 특

목고(특수목적고등학교) 확대 정책이었다. 이전에도 특목고가 있긴 했지만 아주 소수의 학생들만 준비를 했다. 그런데 특목고를 확대하면서 이제는 서울시의 경우 중학생의 절반 정도가 특목고 준비를 하게 되었다. 또 초등학교 단계에서부터 준비를 하면서 특목고 준비 사교육 시장이 엄청나게 늘어났다.

그런데 정부에서는 특목고 사교육 수요를 줄일 대책을 내놓기는커녕 '자율형 사립고'라는 새로운 정책을 내놓으며 대입 단계뿐 아니라 고입 단계에서부터 학생들을 완전 경쟁 체제로 내모는 정책을 추진하고 있다. 이것도 모자라 국제중학교 신설을 통해 또 다른 경쟁과 사교육을 창출하고 있고, 초등학교 영어 강화 정책을 통해 유치원과 초등 단계에서의 영어 사교육 수요를 엄청나게 늘려 놓았다.

2009년 5월 정부가 학원 교습 시간을 밤 10시까지로 제한하는 입법을 하고 단속을 강화하겠다는 발표를 한 이래 학원 심야교습이 어렵게 된 것은 그나마 환영할 일이다. 그 전해까지만 해도 서울시 의회의 한 의원이 밤 10시까지로 제한된 서울시 학원 영업시간 제한을 철폐하는 조례 개정안을 내면서 "공부 많이 하다가 죽은 아이를 본 적이 없다"는 망언을 했던 것을 생각할 때 진일보한 것임에는 틀림없다.

하지만 이러한 정부의 발표가 나와도 크게 기대를 거는 국민은 거의 없다. 전에도 이미 시도 단위의 조례 차원이지만 학원 영업시간 제한 규정이 있어도 이에 대한 단속을 거의 하지 않았기 때문이다. 또 단속을 하더라도 학원에서 더욱 교묘하게 위장을 해서 심야교습을 하고, 재정적으로 능력 있는 부모들은 자녀를 아예 고액의 개인과외로 돌리기 때문이다. 이미 하나의 큰 세력으로 자리를 잡은 사교육 업체를 정부가 당해낼 수 있을지에 대해서도 미더워하는 사람이 많지 않다.

무엇보다 국민들이 정부의 정책을 신뢰하지 못하는 이유는, 정부가 사교육을 줄이겠다는 칼을 빼들면서 다른 한편으로 사교육을 조장하는 정책을 계속 내놓고 있기 때문이다. 그러니 현재의 교육정책들은 '밑 빠진 독에 물 붓기'에 불과하며 국민들의 피로감만 더할 뿐이다.

주일 아침
당신의 자녀는 어디에?

내일 우리 아이들의 성품은 오늘 무엇을 배우느냐에 달려 있다. ―랄프 왈도 에머슨

2008년 기독교학교교육연구소에서 교회학교 학생 1,019명을 대상으로 교육에 관한 설문조사를 실시했다. "주일 아침 교회학교에 못 나오는 가장 큰 이유가 무엇인가?"라는 질문에 제일 많이 나온 응답이 '주일에 학원 가기 때문'이었다. '교회학교가 재미 없어서'라는 응답은 세 번째였다.

오늘날 한국 교회 교회학교 학생 수가 감소하는 첫 번째 이유가 사교육의 팽창에 있다. 사교육 문제가 심각한 것은 이미 알고 있는 내용이지만 이제는 주일 성수마저 위협하고 있다. 그리스도인 부모들조차 자녀들이 주일 아침 교회에 나가 예배를 드리는 것보다 학원에 가는 것을 중요시한다. 평소에는 신앙심이 두터운 교인들

학생들이 주일 아침 교회학교에 못 나오는 가장 큰 이유는?

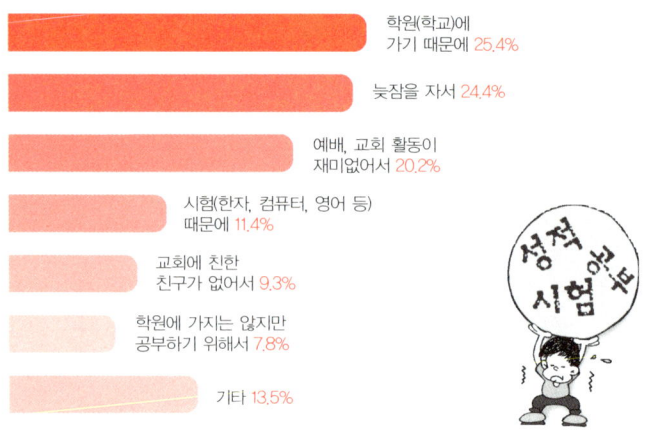

학원(학교)에 가기 때문에 25.4%
늦잠을 자서 24.4%
예배, 교회 활동이 재미없어서 20.2%
시험(한자, 컴퓨터, 영어 등) 때문에 11.4%
교회에 친한 친구가 없어서 9.3%
학원에 가지는 않지만 공부하기 위해서 7.8%
기타 13.5%

같지만 자녀교육에서만큼은 믿지 않는 부모들과 전혀 다를 바 없어 보인다. 신앙과 학업을 서로 충돌하고 갈등하는 것으로 여기는 것이다. 예배를 드리는 시간만큼 공부하는 시간을 뺏긴다고 인식한다. 학업을 위해서는 주일예배를 드리지 않고 학원에 가는 것이 도움이 된다고 생각한다.

어느 주일 아침에 서울의 한 교회학교 중고등부를 탐방한 적이 있다. 마침 중간고사 기간이었다. 평소 출석 인원의 3분의 1 정도가 주일 아침 예배에 참석하지 못했다. 담당 교역자의 말에 의하면 시험 기간이 되면 학생들이 썰물처럼 빠져 나간다는 것이다. 시험을 대비하는 강좌가 개설된 학원에 자녀를 보내는 부모들 때문에 나타나는 현상이다.

신앙과 학업은 분리되어 있고 서로 대립할 수밖에 없는 것일까? 과연 주일 아침 예배마저 드리지 않고 공부하는 것이 현명한 처사일까? 특히 고3이 되면 여름 수련회는 당연히 빠지는 것이라고 생각하는 경향이 있다. 부모는 물론 교회학교 교사들 중에도 고3 학생들이 수련회에 참석하려고 하면 말리는 경우가 있다고 한다. "정말 수련회 참석하려고? 정신 차려. 너 고3이잖아."

물론 중·고등학생들에게 여름방학은 성적을 올릴 수 있는 좋은 기회이다. 뒤처진 과목을 보충하고 실력을 한 단계 올려놓는 시간으로 삼을 수 있다. 학원이나 학교는 이 기간을 놓치지 않고 입시 준비를 위한 수업을 진행하기도 한다. 그렇기 때문에 많은 학생들이 입시 준비냐 여름 수련회냐의 갈림길에 서게 된다.

우리 사회에 존재하는 '교육열'이라는 에너지는 날이 갈수록 강화, 확대되고 있다. 불행히도 교육열은 한국 교회를 위협하는 요인이 되고 있다. 직장인들은 땀 흘려 번 돈의 대부분을 자녀 교육비로 지출하며 기러기아빠가 되는 것도 감수하면서까지 자녀를 조기 유학 보낸다. 자녀를 특목고나 명문대에 보내고자 하는 부모의 간절한 바람은 교인임에도 불구하고 주일 아침에 자녀를 학원에 보내는 현상으로 나타나고 있다. 사교육비를 과다 지출하느라 헌금

액수를 줄이기도 한다. 무엇보다 교육에 대한 세속적인 욕망으로 영성과 신앙이 약화되고 있다.

목회자마다 느끼는 체감 온도는 다르지만 교회교육이 위기를 맞이했다는 데는 이견이 없을 것이다. 교회학교 성장이 정체되거나 학생 수가 감소하는 정도가 아니라 향후 한국 교회의 생존이 위협받을 정도이다. 이 부분에 대해서는 누구를 탓하기 전에 교회가 스스로를 돌아볼 필요가 있다.

얼마 전에 어느 교회 중고등부 학생으로부터 들은 말이다. "우리 교회 전도사님은 교회학교가 성장하는 것은 원하지만 우리를 사랑하지는 않는 것 같아요." 자신들의 가장 심각한 고민은 학업과 성적 문제인데 교회학교는 그런 고민에 무관심하고 그저 교회학교가 성장하기만 원한다는 설명이었다. 교회학교 사역자들은 학생들이 교회에 많이 오면 좋아하지만 정작 그들이 지니고 있는 고민에 대해서는 '노 코멘트'라는 말이다. "주일 아침만 되면 이상하고 추상적인 집단 속에 들어가는 것 같아요"라는 그 학생의 말은 오늘날 교회학교가 얼마나 우리 아이들의 고민과 동떨어져 있는지 여실히 보여준다.

앞서 언급한 설문조사에 의하면 교회학교 학생들의 72퍼센트가 가장 심각한 고민으로 학업과 성적, 진로 문제를 꼽았다. 교회에 나오지만 입시와 학업 때문에 심한 스트레스를 겪고 있는 것이다.

교회학교 학생들의 가장 큰 고민은?

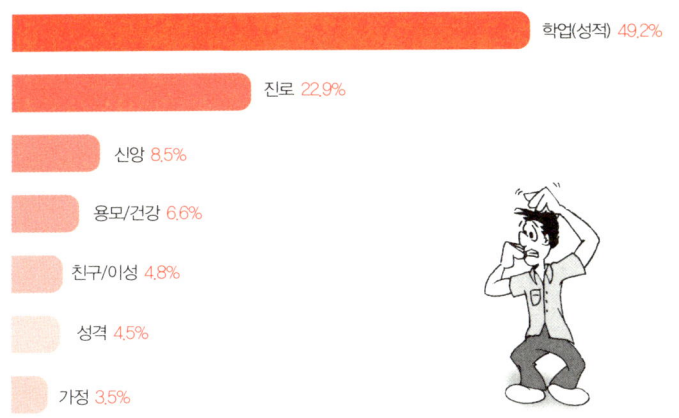

- 학업(성적) 49.2%
- 진로 22.9%
- 신앙 8.5%
- 용모/건강 6.6%
- 친구/이성 4.8%
- 성격 4.5%
- 가정 3.5%

이들은 교회학교가 자신들의 이러한 고민에 대해 거의 도움을 주지 못하고 있다고 응답했다. 주일예배 때마다 자신과는 관계없는 '이상하고 추상적인 집단' 속으로 들어가는 것 같은 괴리감을 느끼고 있는 것이다.

사실 교회학교의 목적은 '교회학교의 성장'만이 아니다. 교회학교 학생들의 삶의 변화를 추구하기 위해 그들의 고민에 대해 기독교적인 응답을 해야 한다. 왜 공부를 해야 하는지, 왜 대학에 가야 하는지, 지금 배우고 있는 지식이 하나님과 어떤 관계가 있는지 가르쳐주어야 한다.

오늘날 교회와 학교의 분리현상은 생각보다 심각하다. 아이들과 부모들의 관심은 학업과 성적에 몰입되어 있는 한편 교회는 이와 분리되어 좁은 의미의 '신앙교육'에 치중하고 있다. 복음에 뿌리를 내리고 진정한 교육이 무엇인지 선포해야 할 교회는 세상의 교육에 주도권을 빼앗겼다. 학생들의 입시 준비와 사교육을 배려한다는 이유로 스스로 예배와 교회교육 시간을 줄이고 고3이 되면 아예 교회학교에 나오지 않고 성인 주일예배에만 참석하게 하는 교회도 있다. 중간, 기말고사 기간만 되면 아이들이 썰물처럼 빠져나가는 것을 당연하다는 듯 방치하는 교회가 대다수이다.

주님은 사마리아 수가성 여인을 만났을 때 "물을 좀 달라"고 말씀하시며 물을 길러 우물가에 온 여인의 관심에 응답하셨다. 더 나아가 "가서 네 남편을 불러오라"고 말씀하시며 여인의 가장 심각한 고민을 건드리셨다. 그리고 마침내 영원히 목마르지 않는 생수의 복음을 전해주셨다.

오늘날 교회가 학생들에게 전하는 복음은 어떤 복음인가? 교회교육은 이들의 고민과 분리된 채 외면 당하고 있지 않은가? 이대로 방치하면 다음 세대에 신앙의 대 잇기는 심각한 위기를 맞게 될 것이다.

신앙이란 이름의
불편한 진실

> 마음을 변화시키지 못한다면 단순히 하나님의 뜻을
> 아는 지식만으로는 아무 의미가 없다. -토마스 왓슨

매년 입시철이 다가오면 수많은 수험생들의 부모들이 가슴을 졸이며 전전긍긍한다. 일종의 심판의 날이 다가오고 있기 때문이다. 평소에 종교가 없던 사람들도 절이나 교회를 찾는다. 수능 시험 당일에는 전국이 한바탕 난리를 겪는다. 비행기 이착륙도 금지되고 출근 시간도 늦추어지며 경찰 차량은 비상등을 켜고 수험생을 수험장에 실어 나른다.

사실 이러한 야단법석은 입시철에만 있는 것은 아니다. 우리나라의 학생들은 중·고등학교, 아니 초등학교 때부터 이미 입시 전쟁에 돌입한다. 엄청난 사교육비, 기본적인 수면 시간도 침해하는 야간 자율학습, 공부 스트레스로 인한 자살 등의 문제가 입시에 그

뿌리를 대고 있다. 입시를 통해 일류대학에 들어가는 것이 인생의 목적이 되어버렸고 수단과 방법을 가리지 않고 요령껏 입시에 성공하는 것을 인생의 성공으로 여기고 있다. 모든 교육은 입시의 영향으로 획일화되었으며 교육의 목적과 내용, 방법, 평가도 입시로 인하여 왜곡되었다.

"아들을 서울대학교에 보내주는 대신 지옥에 갈 수 있겠느냐?"라는 질문에 아들이 서울대에 들어가기만 한다면 어떤 희생도 기꺼이 치르겠다고 대답한 엄마가 있다는 이야기를 들었다. 설마 그런 엄마가 있을까 싶지만 우리나라 엄마들의 명문대학에 대한 집착을 단적으로 보여주는 이야기가 아닐 수 없다.

지금은 상황이 좀 달라져서 학교 이름보다는 의학이나 법학 같은 특정한 전공을 중요시하기도 한다. 그럼에도 '스카이'라는 말로 표현되는 명문학교에 대한 집착은 변함이 없다. 미국에서도 '아이비리그'라는 말로 명문학교를 표현한다. 어느 나라에나 명문학교가 있고 자녀들을 그런 학교에 보내고 싶어 하는 부모들도 많이 있을 것이다. 그런데 우리나라 부모들의 집착은 좀 심한 것 같다. 통계를 내보지는 않아서 함부로 말할 수 없지만 그것도 수치화해보면 세계 최고가 아닐까? 안타깝게도 이러한 입시 경쟁에 있어 그리스도인들도 예외가 아니다.

많은 교회에서 대입 시험을 앞두고 '100일 기도회', '40일 기도회' 등의 특별 기도회를 진행하며 수능 당일에는 많은 교회에서 수능 시험 시간표를 따라 수능종일기도회를 진행한다. 대학이 서열화 되어 있고 학벌이 인생에 매우 큰 영향을 미치는 우리나라의 현실을 생각할 때 대학 입시의 제일 중요한 관건이 되는 수능 시험을 앞두고 부모들이 다른 무엇보다 하나님을 찾고 의지하는 것은 신앙인으로서 지극히 자연스러운 일이다.

하지만 오늘날 많은 가정과 교회에서 자녀들에게 신앙을 전승하는 일에는 실패하면서도 수능기도회 같은 일에는 열을 올리는 현상이 결코 건강한 신앙의 모습으로는 보이지 않는다. 특히 대부분의 가정에서 자녀에게 신앙을 물려주는 일에 실패하는 것이 부모가 자녀를 신앙으로 교육하기 위해 열심히 노력함에도 불구하고 일어난 데 있지 않다는 점에서 더욱 그런 생각이 든다. 자녀들이 신앙 훈련 받을 시간과 기회를 오히려 부모가 적극적으로 차단하고 나서며 자녀들을 오직 공부와 성적 올리기의 장으로 내몰지 않았는지 돌아볼 일이다.

교회 중직자 가정에서조차 주일에 자녀들을 교회에 보내지 않고 학교와 학원으로 보내고 여름과 겨울 수련회에도 보내지 않는 모습을 보고도 평소 아무런 책망이나 신앙적 지도를 하지 않으면서 수능기도회만 개최해주는 교회 역시 교회의 역할을 제대로 하는 것으로 보이지 않는다.

진정으로 건강한 믿음을 가진 부모라면 자녀가 수능 시험에서 실수하지 않고 좋은 성적을 거두기 바라는 마음으로 간절히 기도하는 그 갑절의 에너지를 자녀가 그리스도 안에서 온전히 거듭나고 하나님 안에서 자기 길을 발견하며 하나님의 뜻을 따라 세상의

기복적인 '수능기도회'에서 '한국 교육의 희망 기도회'로 거듭나기! (1)

내 자녀뿐만 아니라 모든 아이들과 황폐한 우리의 교육 전반을 위해 기도하자.

1. 긍휼을 구하는 기도
- 과도한 입시 경쟁으로 지친 우리 아이들의 몸과 마음과 영혼을 만져주소서.
- 경쟁 대열에서 뒤처진 아이들의 마음을 위로하시고 주님이 열어주시는 또 다른 길을 보게 하소서.
- 아이들이 미래를 준비할 뿐 아니라 각 시기에 경험해야 할 기쁨을 누리게 하소서.

2. 변화를 구하는 기도
- 우리 교육이 고통의 교육에서 벗어나 본질을 살리는 방향으로 나아가게 하소서.
- 아이들이 살아갈 세상이 냉엄한 정글이 아닌 보다 따뜻하고 성숙한 사회가 되게 하소서.
- 학벌, 인맥이 아닌 실력과 인격으로 평가받는 사회, 함께 잘 사는 사회가 되게 하소서.

3. 각성을 구하는 기도
- 부모와 교육자들이 무력감에서 벗어나 교육의 근본적 변화를 위해 나서게 하소서.
- 정치권이 장기 교육개혁 프로그램을 만드는 일에 초정권적으로 협력하게 하소서.
- 교육자들이 아이들의 은사와 적성을 발견해 키우는 교육 실천 대안을 만들게 하소서.

4. 교회를 위한 기도
- 교인들이 하나님을 자녀 인생의 주인으로 인정하며 성경적 교육관으로 거듭나게 하소서.
- 교회 안에서도 학벌과 사회적 지위를 따지는 세상의 가치관이 들어와 있음을 회개하게 하소서.

가치를 거슬러 살아가는 사람이 되게 해달라고 기도하고 자녀를 지도하는 데 들일 것이다.

건강한 교회라면 수능기도회를 인도하는 데 쏟는 에너지의 두 배 이상을 자녀들의 신앙보다 성적에 더 목매는 부모들의 잘못된

― 기독교적 교육관으로 거듭난 교인들이 늘어나 우리 사회를 지배하는 무한경쟁적 가치관에 균열을 일으키고, 일반인들이 이에 감동하여 교회로 나아오게 하소서.

5. 신앙 전승을 위한 기도
― 여호와 경외를 지식의 근본으로 삼은 다음 세대의 출현으로 한국 교회에 신앙회복과 부흥이 일어나게 하소서.
― 가정예배가 회복되고 부모가 삶으로 자녀에게 말씀과 기도를 가르치게 하소서.
― 믿음의 가정에서 자란 아이들이 신앙과 교회의 중심이 되고 믿지 않는 친구들을 복음으로 초대하여 다음 세대가 부흥하게 하소서.

6. 학교와 교사를 위한 기도
― 기독교사들이 모범적인 삶과 탁월한 가르침으로 복음을 전하고 수업과 교육을 진리 가운데서 회복시키는 운동을 잘 감당하게 하소서.
― 미션스쿨과 기독교 대안학교가 기독교 원리에 맞게 교육하여 우리 교육의 대안을 제시하고 학생과 국민의 신뢰를 받게 하소서.
― 기독교 정신에 입각한 대학들이 기독교적 학문 연구와 가르침을 분명히 하고, 학생들의 다양한 소질과 적성을 발견하는 방식을 계발해 교육개혁의 본이 되게 하소서.

7. 기독교적 교육운동을 위한 기도
― 기독교사운동이 영성과 전문성을 겸비한 교사를 기르고 국민에게 신뢰받는 교직사회를 만드는 교육실천운동이 되어 우리 교육 변화의 희망이 되게 하소서.
― 기독학부모운동을 통해 부모들이 세상의 가치관에서 벗어나 이 땅의 교육 문제를 기독교적으로 바라보고 애통해하며 변혁해가는 주체가 되게 하소서.
― 고통스러운 교육의 뿌리가 되고 있는 입시·사교육 문제에 대해 기독교적 대안을 만들어가는 우리의 노력이 이 땅의 어두운 현실을 밝히는 빛이 되게 하소서.

모습을 목회 차원에서 지적하고, 학부모들이 바른 가치관과 신앙관을 가지고 자녀교육을 실천하도록 체계적인 교육을 실시하는 데 쏟을 것이다.

종종 교회에서도 누구누구가 좋은 학교에 들어갔다고 광고를

기복적인 '수능기도회'에서 '한국 교육의 희망 기도회'로 거듭나기! (2)

수능 당일뿐만 아니라 평소 부모 기도모임 등에서 아래처럼 자녀를 위해 기도하자.

1. 감사의 기도
- 자녀를 우리에게 맡겨주심을 감사드립니다.
- 태어나서 지금까지 보호, 인도해주시고 12년 간 배움의 길을 주셔서 감사드립니다.
- 대학이라는 더 큰 배움의 문턱에서 진로를 선택할 수 있게 해주셔서 감사드립니다.

2. 회개의 기도
- 맡겨주신 자녀를 주님의 교훈과 훈계로 양육하는 일에 부족하고 공부와 성적, 대학과 출세를 하나님보다 중요한 우상으로 삼았음을 회개합니다.
- 욕심과 염려로 지나치게 자녀를 주관하고 믿음의 본을 보이지 못했음을 회개합니다.
- 자녀에게 사랑을 충분히 주지 못하고 하나님과 세상을 보는 눈을 열어주지 못했음을 회개합니다.

3. 신뢰의 기도
- 우리 부족함을 선으로 바꾸시는 하나님이 아이를 향한 약속을 이루실 것을 믿습니다.
- 부모가 연약해 자녀에게 준 상처를 하나님이 치유하고 채워주실 것을 믿습니다.
- 자녀를 이 세상에 보내신 뜻을 하나님이 끝까지 이루시고 자녀의 선한 주인이자 온전한 부모가 되심을 신뢰합니다.

4. 능력을 구하는 기도
- 최선을 다한 후 지혜와 지식의 하나님이 총명으로 함께하심을 체험하게 하소서.

하고 심지어 그것이 하나님께 영광이 된다고 말하는 경우가 있다. 이것은 정말이지 하나님의 영광을 욕되게 하는 말이다. 하나님은 당신의 백성이 이른바 명문학교에 들어갔다고 좋아하고 그렇지 못했다고 기분 나빠하시는 분이 아니다. 자녀가 명문학교에 들어가

- 시험 볼 때 공부한 것이 생각나고 문제를 잘 이해해 적절한 답들이 떠오르게 하소서.
- 시간의 효율성을 더해주시고 체력과 건강을 지켜주소서.

5. 평안을 구하는 기도
- 시험을 준비하고 치르는 모든 과정 가운데 주님이 자녀의 마음을 평안 가운데 붙들어 주시고, 시험 결과를 주님께 맡길 수 있게 하소서.
- 정직한 마음을 허락하시고 요행과 우연의 유혹에서 벗어나게 하소서.
- 그리스도의 평안이 주장하사 평온한 마음으로 최선을 다하게 하소서.

6. 인도를 구하는 기도
- 자신의 조건과 주님의 비전을 잘 조화시켜 하나님이 기뻐하시는 진로 선택을 하게 하소서.
- 시험 결과가 뜻밖이어도 하나님의 또 다른 인도를 믿으며 넓게 생각하게 하소서.
- 인간의 생각을 넘어선 하나님의 선하신 손길이 나타나고, 수시와 정시에서 대학과 전공을 선택하고 지원할 때 하나님의 인도를 체험하게 하소서.

7. 소망의 기도
- 시험과 입학 과정에서 하나님을 더 알아가고 대학 입학 후에도 함께하실 하나님을 더 기대하게 하소서.
- 대학 생활 중에도 하나님을 의식하고 의지하는 가운데 규모 있게 생활하게 하소서.
- 초·중·고등학교 시절 억압된 학교생활을 하느라 충분히 발휘하지 못한 은사와 소질들을 대학이라는 열린 공간에서 마음껏 펼칠 수 있게 하소서.

* 기복적 수능기도회에서 벗어나 한국 교육의 희망 기도회로 거듭나기 위한 대안적 기도제목들의 전문을 '입시·사교육 바로세우기 기독교운동' 홈페이지에서 확인하세요(www.ipsagi.org).

> 입시 공부 때문에 교회생활을 제대로 하지
> 못하거나 하더라도 아주 제한적으로 하게 된다면
> 그 목표는 이미 하나님의 뜻에 벗어난 것이며 우상이 된
> 것이다. 지금 우리나라의 부모들에게 명문학교는
> 하나의 우상이 되어버렸다.

면 부모로서 기분이 좋은 것은 당연하겠지만 하나님은 당신의 백성들이 입시에서 어떤 결과를 얻었느냐에 따라 영광을 받고 안 받고 하시는 분이 아니다.

부모들과 이야기하다보면 특목고를 비롯해서 명문대를 목표로 정해놓고 자녀들에게 강요하는 경우가 있다. 자녀들이 좋은 학교에 가기를 소원하는 것 자체는 잘못되었다고 할 수 없지만 그것을 교육의 목표로 삼고 자녀를 몰아가는 것은 교육적으로 문제가 있고 신앙적인 태도도 아니다. 자녀가 공부를 잘해서 좋은 학교에 들어가는 것은 좋은 일이지만 그것이 교육의 목표, 그것도 아주 절대적인 목표가 되어버리면 위험하다. 그 목표를 이루기 위해 자칫 하나님의 뜻을 무시하게 되기 쉽기 때문이다.

입시 공부 때문에 교회생활을 제대로 하지 못하거나 하더라도 아주 제한적으로 하게 된다면 그 목표는 이미 하나님의 뜻에 벗어난 것이며 우상이 된 것이다. 지금 우리나라의 부모들에게 명문학교는 하나의 우상이 되어버렸다.

명문학교에 들어가는 게 문제되는 것은 아니지만 들어갔다고 자만한다면 신앙적으로 문제가 있다. 세상은 어떤 학교를 나왔느냐로 사람의 가치를 판단할지 모르지만 하나님은 절대 그렇지 않으시다. 물론 좋은 학교를 나오면 사회에 선한 영향을 미치기에 유리한 면이 없지 않다. 그렇기 때문에 하나님의 백성이라면 자신이 받은 재능을 최대한 발휘해서 좋은 학교에 가도록 노력할 수는 있다. 그리고 좋은 학교에 가게 되었을 때 하나님께 감사해야 한다. 그것으로 인해 혹시라도 자만심을 가진다면 하나님이 기뻐하지 않으실 것이다. 한편 명문학교에 들어가지 못했다고 열등감을 가진다면 그것 역시 불신앙의 문제가 된다.

명문대에 가도 문제, 안 가도 문제라면 우리는 그것보다 훨씬 더 근본적인 문제를 놓치고 있는 것이다. 그리스도인으로서 누구를 위하여, 무엇을 위하여가 분명하지 않다면 명문대 입학과 좌절 모두 독이 될 수 있다.

우리나라의 교육은 엄청난 파도가 밀려오는 바다를 항해하는 선박과 같다. 그 파도는 입시·사교육의 파도이다. 이 파도가 몰아치면 기독교학교도 세속학교가 되어버리고 기독교가정도 세속가정이 되어버릴 것이다. 한국 교회도 입시·사교육의 포로가 되어가고 있다. 그리스도인들마저도 이러한 입시·사교육의 파도 앞에 속수무책이다. 노를 젓지 않고 가만히 있으면 결국 파도에 떠밀려 갈 수밖에 없다.

살아 있는 물고기는 물결을 거슬러 올라갈 수 있어야 한다. 기독교는 사회의 대안이 되어야 하고 교회는 사회의 희망이 되어야 한다. 파도가 거세게 몰려오더라도 진리의 나침반을 부여잡고 파도를 헤쳐가야 한다. 성경적인 자녀교육의 원리를 붙들고 하나님이 원하시는 교육을 향해 나아가야 한다.

우리 교육의 희망과 기독교적 대안을 찾아서

1. 오늘날 입시 사교육이 우리 사회와 한국 교회에 어떤 영향을 미치고 있는지 얘기해보자.

   ....
   ....
   ....

2. 우리 주위에서 입시·사교육과 신앙이 충돌하여 나타나는 현상들을 짚어보자. 또 신앙의 눈으로 학업을 본다는 것이 무엇인지 얘기해보자.

   ....
   ....
   ....

3. 당신의 자녀는 주일 아침에 학원에 간 적이 있는가? 성경적인 자녀교육이란 무엇인지 얘기해보고 우선순위를 구체적으로 정해보자.

   ....
   ....
   ....

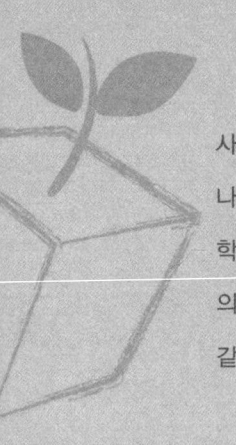

사교육이 필요없다거나 대학 무용론을 이야기하는 것이 아니다. 다만 하나님을 믿는 사람들이라면 대학 입학을 교육 과정 중 하나로 여기고, 대학에 들어가는 문제를 놓고 사교육보다 하나님께 의지해야 한다는 믿음의 권면을 하는 것이다. 그런데 이 말에 아무도 귀를 기울이지 않는 것 같다. 아무도 듣지 않는데 혼자서 광야에서 외치고 있는 느낌이다.

2장
교육, 관점부터 바꿔라

_ 교육이란 무엇인가?
_ 왜 학년이 올라갈수록 학습 의욕이 떨어지는가?
_ 성공을 위한 교육, 잘못된 것인가?
_ 신앙은 공부의 걸림돌인가?
_ 발견과 발굴의 교육으로 돌아서라
_ 사교육보다 중요한 것은 마음자세
_ 나를 행복하게 만드는 자기주도 학습법
_ 호기심이 집중력을 낳는다

교육이란 무엇인가?

교육이란 자신의 무지를 깨달아가는 과정이다. —듀란트

"교육이란 무엇인가?" 이 물음에 동아시아 유교 문화권과 서구의 기독교 문화권의 대답은 너무나 다르다. 어쩌면 이 물음에 대한 대답이야말로 두 문화권의 차이를 가장 극명하게 보여준다고도 할 수 있다.

우리의 경우 길거리를 지나다가 어떤 사람이라도 붙들고 "교육이 무엇이라 생각합니까?"라고 물으면 대략 이런 대답을 듣게 될 것이다. "예, 교육이라는 것은 아이들에게 일정한 지식을 가르칩니다. 그리고 그 배운 것에 대해 시험을 봅니다. 시험을 본 후에는 1등부터 꼴찌까지 등수를 매깁니다. 그래서 1등은 S대학에 보내고 2등과 3등은 그 다음 순위의 대학에 보냅니다. 이렇게 아이들을 성적순으로 대학에 보내고 맨 꼴찌에서 30등 정도는 그 성적으로는 갈 대학이 없으니 '저리 가!'라고 하는 것입니다." 실제로 대부분의 사람들이 이렇게 하는 것을 가장 공정하다고 생각한다.

교육을 '선발과 배제'의 틀로 보는 사고는 우리나라를 비롯한 동아시아 유교 문화권의 교육을 관통하는 교육적 전제이다. 즉 교육이란 학생들에게 정해진 교육과정을 제공하고 그 결과를 평가한 후 우수한 학생들을 '선발'하여 더 나은 혜택을 주고, 일정 기준에 미치지 못한 학생은 혜택에서 '배제'하는 것이라고 생각한다.

이렇게 교육을 선발과 배제의 기제로 사용하려면 누구도 불평할 수 없을 정도로 기준이 공정해야 하는데, 이를 위해 만든 것이 객관화된 점수로 한 줄 세우기가 가능한 시험 선발 방식이다. 이러한 시험 방식은 학교교육의 내용을 시험 준비용으로 바꾸어버렸고, 정형화된 시험 틀은 사교육이 붙기 아주 쉬운 구조가 되어 오늘날 사교육이 번창하는 원인이 되고 있다.

'선발과 배제'의 교육관은 우리나라뿐 아니라 유교 문화권에 속한 일본, 중국, 대만, 북한에서 정도의 차이는 있지만 비슷한 양상으로 나타나고 있다. 중국이나 북한의 경우 오랫동안 사회주의를 실시한 국가임에도 불구하고 이 문제를 극복하지 못했다. 일본의 경우 경제, 기술 등 사회의 다른 많은 분야에서 미국과 대등할 정도로 발전했지만 입시와 경쟁 문제 해결은 거의 포기하고 있는 실

> 교육을 선발과 배제의 기제로 사용하려면 누구도
> 불평할 수 없을 정도로 기준이 공정해야 하는데, 이를 위해 만든
> 것이 객관화된 점수로 한 줄 세우기가 가능한 시험 선발 방식이다.
> 이런 방식은 학교교육을 시험 준비용으로 바꿔버렸고,
> 정형화된 시험 틀은 사교육이 붙기 매우 유익한 구조가 되었다.

정이다. 그러니 이것이 얼마나 심각한 문제인가 하는 것을 짐작할 수 있다.

교육을 '선발과 배제'의 틀로 보는 것이 얼마나 비인간적이고 비교육적인가 하는 것을 우리는 잘 알고 있다. 하지만 '선발과 배제'의 틀은 천 년도 넘게 이어온 전통이고 아주 익숙한 틀이기에 우리는 자녀들에게도 똑같이 이 틀을 물려주고 있다.

실제로 기독교 전통을 지닌 서구 대부분의 나라에서는 등수 매기기 개념의 성적이 없다. 절대평가에 따라 대학 학점과 같은 등급을 부여할 뿐이다. 그래서 처음 외국에 나간 우리나라 부모들은 자녀들이 열심히 공부해서 A 등급을 받아 오면 꼭 이렇게 물어본다고 한다. "너희 반에서 그 과목에 A 등급 받은 아이가 몇 명이나 되니?" 상대평가와 성적에 따른 한 줄 세우기가 한국인의 피 속에 흐르고 있는 것이다.

하지만 기독교 전통을 지닌 서구의 교육을 보면 '발견과 발굴'을 교육의 본질로 삼고 있다. 즉 학생들에게 일정한 교육과정을 제공하고 학생들이 교육과정을 수행하는 과정에서 보이는 특징에 따라 각 학생에게 맞는 더 심화된 혹은 더 기본적인 교육과정을 제시한다. 그리고 각 학생의 특징이나 특기를 잘 관찰하여 격려 혹은 보충해주며 그 과정을 면밀하게 기록한다. 대학이나 사회는 한 학생에 대한 교사의 상세한 기록과 결과물에 근거해서 자신의 대학이나 전공 사회에 맞는 학생을 '발견'하고 '발굴'하는 것이다.

물론 이들 나라의 교육에도 문제가 없는 것은 아니다. 그래도 최소한 우리나라가 겪고 있는 지극히 비정상적인 입시 경쟁과 공교육의 왜곡, 사교육의 번창과 같은 문제는 일어나고 있지 않다.

왜 학년이 올라갈수록 학습 의욕이 떨어지는가?

> 나는 그대를 대신해서 먹을 수도 없고,
> 그대를 대신해서 배울 수도 없다. —랄프 하우스

교육을 '선발과 배제'로 보는 유교적인 틀이 갖는 가장 큰 문제는 아이들에게 무의미한 반복학습을 강요한다는 것이다. 다시 말해, 아이들이 그 학년에서 배워야 할 내용을 충분히 익히면 되는 것이 아니라 다른 아이들보다 더 앞서야 한다는 강박 관념에 눌리게 된다. 그래서 두세 번 읽어보면 다 이해할 수 있는 내용을 다섯 번, 열 번 반복해서 공부하고 모조리 외워야 한다. 실수를 하면 안 되기 때문이다. 그러니 아이들의 마음이 얼마나 불안하겠는가? 공부를 잘하는 아이는 잘하는 대로, 못하는 아이는 못하는 대로 불안에 시달리고 있다.

무엇보다 아이들이 공부를 하면 할수록 학업에 대한 흥미를 잃는다. 공부를 할수록 공부가 두렵고 지겨워진다는 것이다. 그러다 보니 고등학교까지는 억지로 공부를 하다가도 입시가 끝나는 대로 놓아버리고 만다. 그러니 우리나라 대학 교육의 경쟁력이 떨어지는 것이다. 실제로 OECD 국가들의 만 15세 학생들에 대한 학력 평가인 PISA 평가에서 우리나라 학생들이 읽기와 수학, 과학에서 가장 높은 수준의 성적을 받지만 학습 흥미도는 거의 꼴찌의 수준을 유지하고 있다.

우리 아이들은 철저하게 입시를 대비해서 공부한다. 당연히 성적을 올리기 위한 공부를 한다. 시험에 안 나오는 것은 공부할 필요가 없고 입시와 무관한 공부는 하지 않는다. 반대로 아무런 흥미를 느끼지 못하고 실제 생활에 별 필요가 없어도 성적과 관련이 있다면, 입시에 필요한 것이라면 공부를 해야 한다. 재미있는 책을 읽고 싶어도 성적이나 입시와 무관한 내용을 보는 것은 시간낭비라고 생각한다. 반대로 입시를 위해서는 아무런 관심이 없는 내용이어도 억지로라도 읽어야 한다. 그러니 공부가 재미있을 리 없고 그렇게 공부하는 아이들이 행복할 리 없다.

입시라는 현실을 완전히 무시하고 공부하기는 불가능할지도 모른다. 그러나 공부가 철저히 다음 단계를 위한 수단으로 전락해버리면 교육의 본질적인 가치를 다 놓쳐버리게 된다. 대학 입시를 위해서 공부를 하니 막상 대학에 간 후에 공부할 의욕이 나겠는가?

PISA 2009년 OECD 국가의 영역별 비교

읽기			수학			과학		
국가명	평균	순위	국가명	평균	순위	국가명	평균	순위
대한민국	539	1-2	대한민국	546	1-2	핀란드	554	1
핀란드	536	1-2	핀란드	541	1-3	일본	539	2-3
캐나다	524	3-4	스위스	534	2-4	대한민국	538	2-4
뉴질랜드	521	3-5	일본	529	3-6	뉴질랜드	532	3-6
일본	520	3-6	캐나다	527	4-6	캐나다	529	4-7
호주	515	5-7	네덜란드	526	3-7	에스토니아	528	4-8
네덜란드	508	5-13	뉴질랜드	519	6-8	호주	527	4-8
벨기에	506	7-10	벨기에	515	7-11	네덜란드	522	4-11
노르웨이	503	7-14	호주	514	7-11	독일	520	7-10
에스토니아	501	8-17	독일	513	8-12	스위스	517	8-12
스위스	501	8-17	에스토니아	512	8-11	영국	514	9-13
폴란드	500	8-17	아이슬란드	507	11-13	슬로베니아	512	10-13
아이슬란드	500	9-16	덴마크	503	12-16	폴란드	508	12-16
미국	500	8-20	슬로베니아	501	13-15	아일랜드	508	11-17
스웨덴	497	10-21	노르웨이	496	13-20	벨기에	507	12-17
독일	497	11-21	프랑스	497	13-22	헝가리	508	13-21
평균	493		평균	496		평균	501	

- PISA 점수는 평균 500, 표준편차 100인 척도 점수임.
- PISA 2006년부터 95% 신뢰 수준에서 각 국가의 순위에 대한 범위를 제공하고 있음.
- 출처 : 교육과학기술부

애당초 자기가 하고 싶어서 한 공부가 아니니 공부 자체를 아주 힘들어하게 된다. 대학에 들어와서 공부와 담 쌓는 학생들이 생기는 이유가 바로 여기에 있다.

더욱이 요즘 대학에 들어오면 입시 위주의 공부는 취업 위주의 공부로 전환된다. 대학에서조차도 학문에 대한 관심이 아니라 다음 단계로 나아가는 수단으로 공부를 한다. 오나 가나 대학생들이 토익이나 각종 자격증을 따는 데 시간을 보내는 모습을 보면 안타깝다. 요즘 대학생들이 많이 간다는 어학연수조차도 외국에 나가 그곳의 문물을 배우고 언어를 습득하는 게 목적이 아니고 그저 취업에 필요한 스펙을 하나 더 갖추는 코스로 전락했다고 한다.

더구나 항상 사교육에 의존하여 공부하는 게 습관화 된 것은 우리 교육이 지닌 또 다른 문제이다. 어릴 때부터 사교육에 의존해서 공부했던 아이들은 대학에 들어가서도 스스로 공부하지 못하고 사교육을 찾고, 심지어 성인이 되어서도 지속적으로 사교육에 기댄다. 어려서부터 스스로 책을 찾아서 읽고 나름대로 규칙을 세워서 공부를 했어야 하는데 항상 다른 사람이 시키는 대로 공부한 탓에 공부에 관한 한 언제나 타율성을 띠는 것이다. 사교육을 통하는 것이 일시적으로 효과가 있는 것 같기는 하지만 길게 보면 자율적으로 공부하는 힘을 잃어버리게 된다.

미래를 준비하기 위한 공부도 필요하지만 성경적으로 볼 때 공부 자체를 즐겁게 하는 것을 하나님은 원하신다. 영국의 어느 연구소 현관 앞에 붙어 있다는 시편의 한 구절이 떠오른다. "여호와의 행사가 크시니 이를 즐거워하는 자가 다 연구하는도다." 시 111:2, 개역한글

성공을 위한 교육, 잘못된 것인가?

교육의 목적은 기계를 만드는 것이 아니라
인간을 만드는 데 있다. -루소

'선발과 배제'의 틀 가운데 있는 우리 교육에서는 공부를 하는 이유가 사회에서 성공하는 데 있다고 가르친다. 아이들은 공부가 재미있고 좋아서가 아니라 싫고 지겹지만 사회에서 성공적으로 살기 위해 현재의 힘든 과정을 인내하고 또 인내하는 것이다. 닐 포스트만은 그의 책 「교육의 종말」에서 목적의 상실이 교육의 종말을 가져온다고 말한다. 학부모, 교사, 목회자들은 다시금 질문해야 한다. 무엇이 교육의 목적인가? 무엇이 교육의 성공인가?

이 질문에 대답하기 전에 질문 속에 있는 성공이 무엇을 의미하는지 알아야 한다. 성실하게 살아서 사회 속에서 책임 있는 삶을 사는 것이 성공이라면 그리스도인은 당연히 성공해야 한다. 그것이 하나님의 나라를 이 땅에 이루어가는 데 필요하기 때문이다. 그러나 성공을 돈 많이 벌고 유명해지는 것으로 정의한다면 이 질문의 대답은 양면성을 갖게 된다.

성공을 할 수는 있다. 그러나 성공을 위해 살아서는 안 된다. 하나님은 우리가 세상 속에서 거룩하게 살기를 원하신다. 성경 어느 곳에도 하나님이 우리가 세상에서 성공한 사람이 되기를 원하신다는 기록은 없다. 다만 거룩하게 살려고 하는 사람들, 하나님의 나라와 의를 구하는 사람들, 하나님의 영광을 위해서 수고한 사람들에게 성공이라는 결과가 따를 수는 있다.

요셉이나 다니엘이 바로 그런 사람들이었다. 그들은 세상에서 정말 성공한 사람들이다. 그러나 그 삶을 들여다보면 그들은 세속적인 성공을 위해서 애쓰지 않았다. 그들이 거둔 성공은 하나님의 뜻대로 살려는 믿음의 사람들에게 하나님이 주신 일종의 보너스와 같다. 우리가 자녀들을 좋은 학교에 보내려 하고 과도하게 사교육을 시키는 이유를 가만히 살펴보면 자녀들이 이 세상에서 성공하기를 기대하기 때문이다. 여기에 심각한 오류가 도사리고 있다.

첫째, 그렇게 한다고 자녀들이 세상에서 성공한다는 보장이 없다. 과도하게 사교육을 시킨다고 좋은 학교에 들어간다는 보장이 없다. 혹 좋은 학교에 들어간다고 해도 그 아이가 나중에 성공한다는 보장은 없다. 좋은 학교를 나왔으면서도 책임 있는 생활을 하기

> 진정한 기독교교육은 교육의 우선순위를 회복하는 것이다.
> 부모들은 자녀교육에서 무엇이 '먼저'인지 분별할 수 있어야
> 한다. 하나님께 영광 돌리기 원한다면 입시와 사교육에
> 올인할 게 아니라 자녀가 공부하는 목적을 점검하여
> 삶의 중심에 주님이 자리 잡으시도록 해야 한다.

는커녕 사회에 물의를 일으키는 사람들이 적지 않다.

둘째, 세상에서 성공한다고 해서 하나님을 기쁘시게 한다는 보장이 없다. 열심히 공부하고 좋은 학교를 나와서 세상에서 성공한 사람들이 있다. 그런 사람들 중에 정말 하나님을 사랑하는 사람들은 그의 삶이 하나님께 기쁨이 된다. 그들의 성공 자체가 하나님께 기쁨이 되는 것은 아니다.

셋째, 세상에서 성공하여 하나님께 영광을 돌리기 위해서는 성공을 목표로 살아서는 안 된다. 요셉이나 다니엘은 세상에서 성공하기 위해서 매진하지 않았다. 다만 매 순간 하나님의 뜻대로 살려고 애쓰며 신앙을 지키기 위해서 모든 것을 잃는 것도 각오했을 뿐이었다. 자녀를 일류대학에 보내면 자녀교육에 성공한 것처럼 많은 사람들이 생각하지만 그것은 과정일 뿐이다. 자녀교육의 궁극적인 성공은 자녀들이 하나님의 일꾼으로 쓰임 받는 것이다. 그들

을 이 땅에 보내실 때 하나님이 품으신 기대, 그 뜻을 이루어드리는 것이 진정한 의미에서 자녀교육의 성공이지 않겠는가? 자녀교육을 진정한 성공의 관점으로 좀 더 길게 내다볼 수 있어야 한다. 언젠가 언론에 보도되었듯이 미국의 동부 명문대에 다니는 한인 학생들의 중퇴 비율이 44.4퍼센트나 된다. SAT 점수를 잘 받아 명문대에 입학했지만 거의 절반이 중도에 탈락한다는 말이다.

당장 점수 몇 점을 올리는 것보다 더 중요한 것은 진정한 신앙과 인격, 창의력을 지닌 전인全人으로 성장하는 것이다. 진정한 기독교교육은 교육에 있어서 우선순위를 회복하는 것이다. 한국 교회의 부모들은 자녀교육에 있어서 무엇이 '먼저'인지 분별할 수 있어야 한다. 하나님께 영광 돌리기를 원한다면 입시와 사교육에 매달려서 올인할 게 아니라 자녀가 공부하는 목적을 점검하여 삶의 중심에 주님이 자리 잡으시도록 해야 한다.

무엇보다 중요한 것은 신앙적인 가치관을 갖는 것이다. 아직 커가는 과정에서 신앙적인 훈련을 받지 않고 세상이 추구하는 방법대로 살다보면 원하는 것을 이루지 못할 수도 있는 것은 물론이고, 원하는 것을 이루어도 영적인 만족을 얻지 못한다. 예배에 빠지면서 공부를 한다고 원하는 학교에 간다는 보장도 없지만, 혹 그렇게 해서 좋은 학교를 간다 해도 그것이 신앙에 끼칠 부정적인 영향은 적지 않다. 공부보다 중요한 것이 분명 있다.

신앙은 공부의 걸림돌인가?

> 물질이 우리의 주인이 되었을 때
> 우리는 참으로 빈곤해진다. —마더 테레사

성경은 여호와를 경외하는 것이 지식의 근본이라고 가르친다. 이 말씀 속에는 온갖 교육의 진리가 다 들어 있다. 어떻게 여호와를 경외하는 것이 지식의 근본이 되는가?

첫째, 여호와를 경외하는 자녀가 권위를 인정하게 된다. 하나님의 권위를 인정할 줄 아는 자녀가 부모의 권위를 인정하고, 부모의 권위를 인정할 줄 아는 자녀가 교사의 권위를 인정하며, 이런 자녀가 지혜로워지고 성적도 오를 수 있다. 교육은 물이 높은 곳에서 낮은 곳으로 흐르듯 권위를 인정할 때 가능해진다. 둘째, 여호와를 경외하는 자녀에게 하나님의 성품이 형성된다. 성실, 인내, 겸손, 온유와 같은 덕목들이 생겨난다. 당장 점수 높이기보다 더 중요한 것은 성실이다. 앞으로 잘 살아가기 위해서는 명문대학에 입학한 것으로 끝나는 게 아니라 어떤 성품, 어떤 인성, 어떤 가치관을 지녔느냐가 더 중요하다. 마지막으로, 여호와를 경외하는 자녀는 꿈과 비전을 갖는다. "나도 모세 같은 인물이 되고 싶다", "나도 바울 같이 살고 싶다"와 같은 꿈과 비전처럼 좋은 동기유발이 없다. 동기가 있어야 스스로 공부하게 된다. 오랜 시간 자리에 앉아 있다고 해서 저절로 공부가 되는 것은 아니다.

자녀교육을 제대로 하려면 특히 부모들이 하나님을 제대로 믿어야 한다. 자녀교육에 대한 걱정과 염려는 불신앙이다. 남들이 다 하니까 나도 따라서 하는 식의 자녀교육이 아니라 말씀에 근거한 자녀교육을 세워야 한다. 자녀에게 하나님의 일꾼이 되는 진정한 꿈과 비전을 심어주고 이를 이루기 위해 스스로 공부할 수 있도록 격려해야 한다. 부모가 하나님을 신뢰할 때 자녀에 대해 기다릴 줄 알게 되고, 이런 부모 아래에서 자란 자녀는 정서적으로 안정을 누리며 공부에 집중할 수 있게 된다. 신앙 안에서 자기주도적 학습을 할 때 신앙과 태도, 학업이 튼튼하게 연결된다.

흔히 신앙과 학업은 분리되어 있다고 생각한다. 그러나 예배는 지혜의 보고이다. 예배는 그 시간만큼 공부하지 못해서 학업에 방해되는 장애물이 아니다. 우리의 자녀들이 예배 드릴 때 하나님이 베푸시는 교육적 축복이 놀랍다. 예배는 영이신 하나님을 경배하는 행위로 자녀들이 보이지 않는 하나님을 예배하는 그 시간은 상상력의 보고이다. 유태인 자녀교육을 전공하는 친구로부터 유태인이 1,500만 명밖에 되지 않지만 노벨상 수상자의 3분의 1을 차지하는 것은 어려서부터 하나님을 예배한 덕분이라는 말을 들었다. 그렇다. 초월해 계신 하나님을 예배하는 것은 통찰력의 보고이다.

예배를 드리는 것은 높은 곳에 오르는 것과 같다. 그곳에 서면 아래에서는 볼 수 없었던 자신의 삶과 세상 만물이 눈에 들어온다. 캐나다 토론토에 가면 높이 553미터로 세계에서 두 번째로 높은 씨엔타워가 있다. 그곳에 올라가면 토론토 시내가 한 눈에 들어온다. 어디가 시청이고 어디가 토론토대학교인지 대번에 알 수 있다. 날씨가 좋은 날에는 나이아가라 폭포뿐만 아니라 미국의 뉴욕시까지 보인다.

하나님을 예배하는 것은 씨엔타워에 올라가는 정도가 아니라 저 높은 상공에 오르는 것과 같다. 거기에 올라가서 보면 내가 어디로부터 와서 어디로 가는지 보인다. 세상이 어떻게 창조되었고 어떻게 종말이 오는지 보인다. 이 지혜와 통찰력은 모든 학업의 원천이 된다. "여호와를 경외하는 것이 지혜의 근본이요 거룩하신 자를 아는 것이 명철이니라."잠 9:10 자녀의 학업을 위해서도 가장 중요한 것은 예배 드리는 것임을 잊지 말아야 한다.

발견과 발굴의 교육으로 돌아서라

> 너무 빨리 읽거나 너무 천천히 읽으면 아무것도 이해하지 못한다. —파스칼

지금 부모 세대들도 입시 전쟁을 겪기는 했지만 자신들이 부모 세대가 될 즈음이면 경제가 발전하기 때문에 자녀들에게는 서구 선진국과 같은 교육을 시킬 수 있을 것이라는 희망이 있었다. 하지만 30년이 지난 지금, 분명히 그 시절에 꿈꾸던 경제적 풍요는 이룩했지만 입시 경쟁은 더 치열해지고 아이들은 더 극심한 교육 고통에 시달리고 있다. 오히려 경제적 부가 축적되면서 이전보다 더 많이 생긴 사교육에 시달리고 있다. 이제 더 이상 아무도 다음 세대가 되면 입시 고통이 사라질 것이라는 희망을 갖지 않는다. 이런 현실 속에서 기독교가 갖고 있는 '발견과 발굴'의 교육관을 교회와 그리스도인 가정이 먼저 체득하고 실천해야 한다.

> 하나님은 획일주의, 경쟁주의, 체면주의라는 세속적
> 가치관이 지배하는 입시와 사교육의 현실 속에서 자녀들을
> 은사대로 부르시고 그 은사가 열매 맺기 원하신다.
> 그러므로 내 자녀를 남과 비교하기보다는 자녀의 은사를
> 발견하고 그 은사에 불을 붙이는 것이 중요하다.

하나님은 사람을 아주 다양하게 창조하셨다. 개개인마다 능력에 차이를 두셨다. 어떤 사람에게는 다섯 달란트를, 어떤 사람에게는 두 달란트를, 어떤 사람에게는 한 달란트를 주셨다. 한 부모 밑에서 태어난 아이들도 능력이 천차만별이다.

또 하나님은 개개인에게 다양한 은사를 주셨다. 어떤 이에게는 글 쓰는 은사를, 어떤 이에게는 운동의 은사를, 어떤 이에게는 말 잘하는 은사를, 어떤 이에게는 손으로 무언가를 잘 만드는 은사를, 어떤 이에게는 이런 은사를, 어떤 이에게는 저런 은사를 주셨다. 하나님이 사람에게 주신 은사는 정말 다양하다. 외모가 비슷하게 생긴 쌍둥이들도 은사가 다르다.

모든 사람에게는 하나님이 주신 가능성이 있는데 그것이 바로 은사이다. 기독교교육은 그 은사에 불을 붙이는 것이다. 세상에서는 '붕어빵 찍기'와 같은 획일적인 교육이 이루어진다. 수능 점수

하나로 일등부터 꼴등까지 줄을 세울 수 있다고 생각한다. 그래서 입시 경쟁은 치열할 수밖에 없고 거기에서 탈락한 사람은 인생에서 실패한 낙오자라고 생각한다. 그러나 성경은 하나님이 모든 사람을 독특하게 지으셨고 각 사람에게 은사를 주셨다고 말한다. 자녀들은 저마다 독특하다.

그리스도인들이 깨달아야 할 중요한 교육의 원리는 은사의 원리이다. 하나님은 억지로 껌팔이를 시키는 악독한 주인이 아니다. 획일주의, 경쟁주의, 체면주의라는 세속적 가치관이 지배하는 입시와 사교육의 현실 속에서 자녀들을 은사대로 부르시고 그 은사가 열매 맺기를 원하신다. 그렇기 때문에 내 자녀를 남과 비교하기보다는 자녀의 은사를 발견하고 그 은사에 불을 붙이는 것이 중요하다. 사도 바울은 디모데에게 "네 속에 있는 하나님의 은사를 다시 불일듯 하게 하기 위하여"딤후 1:6라고 말한다. 그것이 기독교교육의 원리이다.

하나님이 창조하신 세상은 정말 넓고 할 일이 많이 있다. 우리가 먹고 사는 데 필요한 일들도 많이 있다. 농사를 짓는 일만 해도 그에 따른 각종의 크고 작은 일들이 있다. 옷을 만드는 일만 보아도 섬유공장에서 옷감을 만들고 옷을 디자인하고 만들며 제품을 가져다 파는 일에 이르기까지 수많은 사람들이 관여해 일을 하고 있다. 공장에서 무언가를 만드는 사람이 있는가 하면 사무실에서 행정을 지원하는 사람이 있고 고객들을 직접 만나 서비스를 제공하는 사람도 있다. 시대가 변하면서 새로운 일들이 계속 늘어나고 있다. 사람들의 필요를 채우려는 마음만 있으면 새로운 일들은 얼마든지 만들어낼 수 있다.

이렇게 하나님이 만드신 사람들의 다양한 능력과 은사를 하나님이 통치하시는 세상의 필요와 잘 맞추기만 하면 학교 문이나 취업의 문은 그리 좁지 않다. 얼마든지 넓은 문이 될 수 있다. 그런데 지금 학교와 취업의 문은 좁은 문이다. 좁아도 너무 좁은 문이 되었다. 그 이유는 사람들이 세상의 풍조에 끌려서 하나님의 뜻을 제대로 살피지 않기 때문이다.

하나님이 나에게 혹은 나의 자녀에게 주신 능력이나 은사를 별로 돌아보지 않는다. 자녀들의 능력을 살펴보고 은사를 관찰해서 그에 맞는 학교를 선택하고 진로를 정한다면 학교나 직장 문이 현재 우리 앞에 놓여 있는 것처럼 그리 좁지만은 않을 것이다. 저마다 앞뒤 가리지 않고 남들이 가려는 곳으로만 우르르 몰리니 모두가 힘들어지는 것이다. 그 때문에 가뜩이나 좁은 진학과 취업의 문이 점점 더 좁아지고 있다.

오늘 우리는 세상이 필요로 하는 다양한 일들을 돌아보지 않는다. 세상에는 사람들의 수고를 필요로 하는 수많은 일들이 있다. 그 중에는 전문교육을 받아야 할 수 있는 일도 있지만 그다지 많은 교육을 받지 않아도 할 수 있는 일들이 있다. 다른 사람들의 필요를 채우는 데서 보람을 느낄 수 있다면 아직도 많은 일들이 열려 있다.

  주님은 우리에게 좁은 문으로 들어가라고 말씀하셨다. 영생에 이르는 문은 찾는 사람이 적은 좁은 문이다.^{마 7:13-14} 우리는 그 문으로 들어가기를 힘써야 한다.^{눅 13:24} 세상 사람들이 멸망으로 인도하는 넓은 길로 가더라도 우리는 좁은 문으로 들어가기를 힘써야 한다. 그러나 교육 문제와 취업 문제를 풀기 위해서는 사람들이 만들어놓은 좁은 문으로 들어가려 해서는 안 된다. 세상 사람들이 다 그 좁은 문으로 들어가려고 해도 하나님을 믿는 사람들은 하나님이 허락하신 넓은 문을 두드려야 한다.

사교육보다 중요한 것은 마음자세

> 모든 아이들은 예술가이다. 문제는 그들이 자란 뒤에도
> 어떻게 예술가로 남아 있을 것이냐다. —피카소

한번은 사교육에 종사하는 사람에게 "학원에 와서 공부하는 것이 아이들에게 정말 유익한가? 사교육이 실제로 도움이 되는 아이는 어느 정도나 되는가? 혹시 학원에 오는 것이 오히려 해가 되는 경우는 없는가?"라고 물었다. 그는 주저하지 않고 학원교육이 오히려 해가 되는 아이들이 30퍼센트 정도는 될 것이라고 말했다. 그 아이들은 부모의 강요에 의해서 마지못해 학원에 와서 앉아 있기는 하지만 아무 의욕이 없고 그러니 별 성과를 거두지 못한다는 것이다. 오히려 억지로 와 있어야 하니까 공부에 대한 거부감만 늘어나고 정서적으로도 좋지 않은 결과를 보인다.

그리고 다른 30퍼센트는 학원에 오든 오지 않든 별 차이가 없는

아이들이라고 했다. 그저 시간을 선용한다고나 할까? 학원에서 수업을 들어서 정말 유익이 되는 아이들은 나머지 40퍼센트 정도라고 한다. 그러므로 학원에 오는 아이들의 60퍼센트 정도는 사교육을 받느라 돈과 시간과 에너지를 허비하는 셈이다. 그는 이것이 혹시 자기만의 생각이 아닐까 싶어 다른 동료 교사에게 같은 질문을 했다고 한다. 그랬더니 같은 순서대로 30대 40대 30이라는 대답을 들었다고 한다.

학원에 가는 세 종류의 아이들이 있다는 것을 알게 되면서 문득 예수님이 가르치신 네 가지 밭의 비유가 떠올랐다. 똑같은 씨를 뿌렸지만 길가에 떨어진 씨에서는 아무런 결과도 얻지 못했고, 돌짝밭과 가시밭에 떨어진 씨에서는 처음에 조금 얻는 게 있는 것 같았지만 결국에는 좋은 결과를 얻지 못했다. 마지막으로 좋은 밭에 뿌린 씨에서는 열매를 많이 맺고 풍성한 수확을 얻었다.

이 비유는 똑같은 말씀을 받더라도 어떤 마음으로 받느냐에 따라 결과가 다를 수 있다는 영적인 진리를 가르쳐준다. 말씀이 중요하지만 그 말씀이 열매 맺기 위해서는 마음 밭이 중요하다는 것이다. 그러므로 하나님의 말씀을 가르치거나 전하는 사람들은 아무 데다 씨를 뿌리기만 하면 되는 것이 아니라 마음 밭을 준비하는 데 관심을 기울이고 애써야 한다.

이 진리는 교육에도 그대로 적용된다. 공부를 할 때 얼마나 많

학생 1인당 월평균 사교육비

	총사교육비 (억원)	학생 1인당 연평균 비용 (만원)	전체 학생 1인당 월평균 비용(만원)	참여학생 1인당 월평균 비용(만원)	사교육 참여율(%)	사교육 참여시간 (주평균)
전체	208,718	288.4	24.0	32.7	73.6	7.0
초등학교	97,080	294.3	24.5	28.3	86.8	8.2
중학교	60,396	305.8	25.5	35.3	72.2	7.7
고등학교	51,242	261.1	21.8	41.2	52.8	4.1
일반고	47,512	317.5	26.5	43.3	61.1	4.8
전문고	3,730	80.0	6.7	25.6	26.0	2.0

출처 : 통계청 사교육비 조사 결과(2010년)

은 지식을 머리에 넣느냐가 아니라 어떤 마음자세로 공부하느냐가 중요한 것이다. 부모들은 아이들이 얼마나 많은 시간 동안 공부하느냐, 얼마나 많은 양의 지식을 습득하느냐에 관심을 갖는다. 그러나 아이가 어떤 마음으로 공부하고 있는지, 어떤 마음으로 학원에 가서 앉아 있는지에 관심을 가져야 한다. 아무리 좋은 학원에서 아무리 유능한 선생이 가르치더라도 아이의 마음이 그것을 받아들일 자세가 되어 있지 않으면 교육의 효과가 별로 없을 뿐 아니라 역효과가 날 수도 있기 때문이다.

그러므로 사교육을 시키는 부모들은 어떤 학원이 좋은 곳인지 찾는 것보다 우리 아이가 앞에서 말한 세 부류의 학생들 중 어디에 속하는지 먼저 파악해야 한다. 정말 내 자녀가 사교육이 필요한 처지이고 시점이라면 적절한 학원에 보내는 게 의미 있을 것이다. 그렇지 않다면 시간 낭비, 돈 낭비이며 아이에게 고통을 줄 뿐임을 알아야 한다.

내 아이가 사교육이 고통이 되는 부류에 속한다는 사실을 알았으면 공부하라고 다그치기보다는 그 아이의 마음 밭을 갈아주어야 한다. 입시교육 전문가인 박재원 선생은 아이들의 정서를 바로 잡아주라고 했는데 그게 바로 마음 밭을 가는 것이라 할 수 있다.

사교육을 받는 아이들 중 꽤 많은 아이들에게 사교육이 도움이 안 된다는 사실은 사교육에 종사하고 있는 사람들을 곤혹스럽게 만든다. 그렇다고 그 아이들을 오지 말라고도 할 수 없다. 현실적으로는 사교육이 별로 도움이 되지 않는 아이들이라도 많이 왔으면 하는 심정일 것이다. 이런 현실을 부정할 수는 없다.

그러나 교육 사업에 종사하는 그리스도인들은 이 사실을 무시해서는 안 된다. 아이들을 가르치는 것을 사업의 도구로만 보지 않고 사명으로 생각한다면 그 문제를 심각하게 고려해야 한다. 그래서 일단 찾아오는 학생들이 어떤 부류인지 알아서 그것을 염두에 두고 교육해야 한다. 사교육이 도움이 되지 않는 아이들, 한마디로 자기 동기 하나 없이 끌려오는 아이들을 발견할 경우 부모와의 대화를 통해서 아이들의 정서에 관심을 갖도록 도와야 한다.

나를 행복하게 만드는
자기주도 학습법

> 아이들을 재우기에 가장 좋은 시간은
> 아이들이 자려고 하는 시간이다. —데이브 프레스턴

하버드대학에서 인기가 있다는 행복학 강의에 관한 책 「해피어」(탈 벤 샤하르 지음)를 읽다가 아주 중요한 사실을 발견했다. 행복하기 위해서는 어떤 목표가 자기일치적이어야 하는데 그러자면 목표를 세우는 데 세 가지 요건을 갖추어야 한다는 것이다. 첫째, 목표가 다른 사람이 부과한 것이 아니라 본인이 스스로 선택한 것이어야 한다. 둘째, 목표가 다른 사람에게 과시하기 위한 것이 아니라 자신을 표현하고 싶은 욕망에서 나온 것이어야 한다. 셋째, 목표를 추구하는 이유가 어떤 의무감을 느끼거나 강요당해서가 아니라 스스로 중요하고 즐겁다고 느끼기 때문이어야 한다.

이 세 가지 요건을 보면서 우리나라의 교육이 아이들을 불행하게 만들 수밖에 없는 이유를 알 수 있었다. 부모들이 자녀들에게 공부를 하라고 다그치는 이유를 물어보면 그게 다 자녀들의 행복을 위해서라고 말한다. 하지만 진심으로 자녀들이 행복하기를 원한다면 생각을 좀 바꿔야 할 것 같다.

첫째, 공부를 통해 행복을 누리기 위해서는 무엇보다도 본인이 목표를 세우도록 해야 한다. 학교 성적이든 좋은 학교이든 장래의 직업이든 자녀가 선택해야 한다. 부모가 정하고 안겨준 목표라면 이루기도 쉽지 않지만 이루었다고 해도 자녀들의 행복이 되지 못한다. 목표를 이루어서 행복한 사람은 자녀가 아니라 그 자녀들을 통해서 자기의 목표를 이룬 부모일 것이다. 그렇다면 자녀에게 솔직히 '네 행복'이 아니라 '내 행복'을 위해서 공부해달라고 말하는 것이 맞다. 정말 자녀들의 행복을 원한다면 공부든, 학교든, 진로든 자녀들이 직접 목표를 세우도록 도와야 한다.

둘째, 공부하려는 욕구가 아이들에게서 나와야 한다. 자녀가 공부를 잘해서 좋은 성적을 내고 명문학교에 가기를 원하는 부모들의 속내를 들여다보면 다른 사람들에게 보여주기 위한 것일 때가 많다. 부모들이 모여서 자녀들의 공부에 관해서 이야기할 때면 자녀가 공부를 잘하는 사람들이 제일 신이 나는 것 같다. 자녀가 얼마나 공부를 재미있어 하고 새로운 학교에 가서 하고 싶었던 공부를 하는지 보며 기뻐하는 게 아니다. 자녀가 성적이 좋고 명문학교에 가게 된 것을 남에게 자랑하고 과시하려는 것이다. 그래서 자녀들이 원하는 공부를 하기보다는 부모들이 원하는 학교에 가기를 바라는가 보다.

그것 때문에 부모와 자식 간에 갈등을 겪는 가정도 많이 있다. 착해서 아무 말 못하고 부모에게 순종하는 아이들은 행복하지 못한 학창생활을 하다가 나중에 가서야 결국 자기가 하고 싶은 공부를 하게 되는 경우도 있다. 그 과정에서 쓸데없이 시간을 낭비하고 부모와 자식 간의 관계만 안 좋아지고 만다. 정말 자녀들의 행복을 원하는 부모라면 공부에서든 학교에서든 진로에서든 자녀들이 자신의 소원과 욕구를 펼 수 있도록 도와야 한다.

셋째, 공부를 의무감에서 하지 않고 즐겁게 해야 한다. 우리나라 학생들의 어릴 때 학습 성취도는 다른 나라에 비해서 뛰어나다고 한다. 그런데 대학에 들어가면 상황이 뒤바뀐다. 초중고 시절에 학업 성취도가 뛰어난 것은 부모의 강요에 의해서 이루어진 것이다. 외부의 압박이 성적을 올리는 데는 분명히 어느 정도 효과가 있기는 하다. 그러나 공부를 재미있어서 한 것이 아니기 때문에 외부의 압박이 사라지면 점차 학습의욕이 사라지게 된다. 그러니 대학에 들어와서 제대로 공부하지 않는다.

자주 드는 예로, 미국의 명문대학에 한국 학생들이 많이 들어가기는 하지만 중도에 포기하는 학생이 가장 많은 나라가 또 한국이라고 하지 않는가? 그동안 공부를 하고 싶어서 한 것이 아니기 때문에 대학에 들어간 후 의무감이나 강요가 사라지면서 공부할 동기를 잃는 것이다. 그렇게 공부한 학생들의 인생이 행복할 리 없다. 그러므로 정말 자녀들의 행복을 원하는 부모라면 공부든 학교든 진로든 자녀들이 의무감으로 대하지 않고 즐겁게 할 수 있도록 도와야 한다.

자기 동기의 중요성은 하나님이 먼저 보여주셨다. 전능하신 하나님은 우리가 당신의 뜻을 따라 살기 원하지만 억지로 하지 않으신다. 먼저 우리 안에 자기 동기를 갖도록 하신다. "너희 안에서 행하시는 이는 하나님이시니 자기의 기쁘신 뜻을 위하여 너희에게 소원을 두고 행하게 하시나니."빌 2:13 전능하신 하나님도 사람들이 자기 동기를 가지고 당신의 뜻을 이루기를 원하신다.

호기심이
집중력을 낳는다

단순한 호기심이 강압적 주입보다 더 효과적이다. —히포

요즘 핀란드 교육에 관한 책들이 많이 나와 있다. 그만큼 핀란드 교육이 세계의 주목을 받고 있다. 핀란드 교육은 OECD 국가들의 만 15세 학생들을 대상으로 한 PISA 평가에서 읽기와 수학, 과학 등 모든 영역에서 지속적으로 최고의 성적을 거두면서 세계 교육학계의 모델로 떠오르고 있다. 사실 성적만 보면 우리나라도 핀란드 못지않게 우수하다. 최근 과학 성적이 3위로 떨어지긴 했지만 아직도 읽기와 수학은 핀란드와 1, 2위를 다툰다.

하지만 우리나라 교육은 핀란드에 비해 두 배 정도 많은 학습량을 투입한 결과이다. 주당 공부 시간을 보면 우리나라가 50시간, 핀란드가 30시간이다. 게다가 핀란드는 학습 흥미도에서 1등을 유

지하는 반면 우리나라는 학년이 올라갈수록 학습 흥미도가 떨어져 고등학생에 이르면 꼴찌에 가깝다. 처음에 PISA 성적을 보고 한국과 핀란드를 방문했던 세계 교육계가 이제는 핀란드만 찾고 있다.

핀란드 교육의 성공 요인은 무엇일까? 가장 중요한 요인을 그 나라의 교육철학에서 찾아볼 수 있다. 핀란드 사람들은 교육의 제일 중요한 요소로 '집중력'을 꼽는다. 이것은 그 나라 교육의 수장에서 평범한 학부모에 이르기까지 모든 이들이 동의하고 실천하는 철학이다. 핀란드에서 집중력을 높이기 위해 사용하는 방법이 '선행학습의 금지'이다. 여기서 금지하는 선행학습은 한두 학년 앞서 배우는 선행학습이 아니라 다음 시간에 배울 것을 미리 공부해가는 예습을 의미한다.

초등학교에 입학하기 전 유치원 단계에서는 문자 교육을 철저하게 금지한다. 미리 글자를 배우면 초등학교에서 집중력이 떨어질 수 있다는 이유에서다. 유치원 단계에서는 집중해서 놀게 하는 데 중점을 둔다. 모래성 쌓기든, 레고 놀이든 한 시간이고 두 시간이고 집중해서 하도록 한다. 유치원에서 초등학교에 입학할 자격을 갖추었는지 심사하는 기준도 초등학교 공부를 감당할 집중력을 갖추었는지로 평가한다. 그래서 집중력을 갖추지 못한 아이는 바로 초등학교에 입학하지 못하고 유치원 과정을 더 거치기도 한다.

선행학습을 금지하고 수업 시간에 배울 내용에 대해 호기심을 가지고 집중해서 배우게 하는 것은 초등학교 이후의 학교들이 가지고 있는 철칙이다. 혹 선행학습을 해온 학생에 대해서는 경고와 학부모 호출이 이루어진다. 대신 학교에서는 해당 수업 시간에 배워야 할 내용을 이해하지 못하는 학생이 한 명도 없도록 철저하게 책임지고 가르친다. 이렇게 교육에서 집중력이 중요하다는 철학을 교육기관과 학부모가 함께 인식하고 실천하는 가운데 최소한의 시간과 에너지를 투입해 최고의 학력을 만들고 학습에 대한 흥미도를 살려가는 핀란드 교육은 고비용 저효율 체계를 유지하고 있는 우리 교육이 배워야 할 점이 무엇인지 잘 보여준다.

불행히도 우리나라의 경우는 대부분의 사교육이 선행학습 위주로 이루어지고 있다. 그렇기 때문에 학생들은 학교의 수업시간에 호기심을 상실한 채 선생님의 가르침에 집중하지 못한다. 이들이 학교에서 배우는 것은 '공부는 지겨운 것,' '공부는 재미없는 것,' '공부는 따분한 것'이며 이 과정을 통해 공부에 대한 증오심을 쌓아간다. 공부에 대한 의욕 상실은 학습의 효율성 저하는 물론 너무나 중요한 학업 태도를 갖추지 못하는 원인이 된다. 자녀가 호기심을 갖고 스스로 공부할 수 있는 태도를 갖도록 돕는 것이 당장 점수 몇 점을 올리는 것보다 훨씬 더 중요한 일임을 다시 기억하자.

우리 교육의 희망과 기독교적 대안을 찾아서

1. 교육을 '선발과 배제' 혹은 '발견과 발굴'의 틀로 보는 사고는 어떻게 다른가? '발견과 발굴'의 관점으로 내 자녀를 보면서 장점을 세 가지 말해보자.

　..
　..
　..

2. 내 자녀는 '자기주도적 학습' 유형인가 아니면 '타인주도적 학습' 유형인가? 성경적 자녀교육에 비추어볼 때 바람직한 교육 유형은 무엇인지 얘기해보자.

　..
　..
　..

3. 공부는 그 자체가 즐거운 것이 되어야만 흥미를 느낄 수 있다. 우리의 자녀들은 무엇을 위해 공부하고 있는지 돌아보고 공부를 즐겁게 하기 위해 필요한 것이 무엇인지 나누어보자.

　..
　..
　..

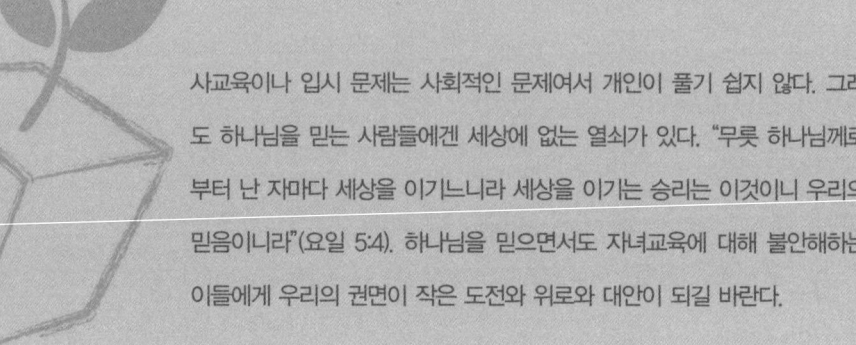

사교육이나 입시 문제는 사회적인 문제여서 개인이 풀기 쉽지 않다. 그래도 하나님을 믿는 사람들에겐 세상에 없는 열쇠가 있다. "무릇 하나님께로부터 난 자마다 세상을 이기느니라 세상을 이기는 승리는 이것이니 우리의 믿음이니라"(요일 5:4). 하나님을 믿으면서도 자녀교육에 대해 불안해하는 이들에게 우리의 권면이 작은 도전와 위로와 대안이 되길 바란다.

3장
부모, 욕심을 버려라

_ 교회 다니는 부모입니까?

_ 자녀교육에 집착하는 엄마들

_ 교육에도 내려놓음이 필요하다

_ 왜 신앙 사교육은 하지 않는가?

_ 성경적 자녀학습 세우기

_ 자녀의 은사와 능력에 맞게

_ 사교육의 부작용

_ 교육은 기다림이다

_ 대안교육을 찾아서

_ 기독학부모운동을 꿈꾸다

교회 다니는 부모입니까?

아이가 충고에는 귀를 막을 수 있지만
본보기에는 눈을 감지 못한다. —유태 격언

오늘날 한국 교회에 '교회 다니는 부모'는 많지만 진정한 '그리스도인 부모'는 많지 않은 것 같다. 자녀교육은 부모의 신앙을 확인하는 리트머스 종이 역할을 한다. 눈으로 보기에 산성인지 알칼리성인지 알 수 없는 액체에 리트머스 종이를 넣으면 액체의 성질에 따라 종이의 색깔이 다르게 변하는데 교인들의 신앙도 마찬가지다. 겉으로 보기에는 진정한 신앙인인지 아닌지 잘 구분되지 않지만 '자녀교육'이라는 리트머스 종이를 넣어보면 참된 신앙의 여부를 구분할 수 있다.

구약에 나오는 엘리 제사장은 홉니와 비느하스라는 두 아들을 하나님이 원하시는 방법으로 교육하지 못했다. 하나님의 사람은

"네 아들들을 나보다 더 중히 여겼다"^{삼상 2:29}라며 엘리를 책망했다. 아브라함의 경우는 반대였다. 하나님이 아브라함의 신앙을 시험하기 위해 100세에 낳은 자녀 이삭을 제물로 바치라고 명령하시자 아브라함은 '여호와 경외'를 실천함으로 참된 신앙을 입증했다. 한편 이삭은 모리아 산에서 여호와를 경외하는 아버지 아브라함의 신앙을 보고 생애에서 가장 값진 교육을 받게 된다.

그런 면에서 그리스도인 부모는 두 번의 거듭남이 필요하다. 첫 번째 거듭남은 예수 그리스도를 믿고 고백하는 것이고, 두 번째 거듭남은 자녀교육에서도 예수를 믿고 하나님의 뜻대로 순종하는 것이다. 불행히도 이런 그리스도인 부모는 많지 않은 것 같다. 교회를 다니지만 자녀교육에서는 믿지 않는 사람과 다를 바 없이 세속적인 가치관으로 가득 차 있다. 한 교인은 교회 구역모임에서 다른 집사에게 "그런 식으로 공부시켜서 아이가 2호선 타겠어요?"라는 나무람을 듣고 고액 과외를 소개받았다고 한다. 교회의 구역모임과 여전도회, 그 외 다양한 모임에서 이러한 가치관이 얼마나 만연한가?

자녀를 둔 성도에게 이렇게 묻고 싶다. "당신은 교회 다니는 부모입니까, 그리스도인 부모입니까? 자녀교육에서도 예수를 믿습니까? 욕망과 허영에 사로잡히거나 세속의 가치관에 젖어 하나님의 기준이 아닌 세상의 방식을 좇고 있지는 않습니까?"

자녀교육에 집착하는 엄마들

자녀를 불행하게 하는 가장 확실한 방법은 언제나 무엇이든 손에 넣을 수 있게 해주는 것이다. ―루소

며칠 전 젊은 엄마들이 모여서 대화하는 것을 들었다. 요즘 자녀를 명문대학에 입학시키기 위해서 필요한 것이 네 가지 있는데 자녀의 체력, 할아버지의 재력, 엄마의 정보력, 아빠의 무관심이라는 것이다. 자녀가 끝까지 체력으로 버텨주어야 하고, 당대의 재력 외에 할아버지에게 물려받은 재산이 있어야 하고, 엄마가 입시와 사교육에 대한 고급 정보를 입수할 수 있어야 하며, 아빠는 가능한 한 자녀교육에 간섭하지 말아야 한다는 뜻이다.

오늘날 자녀교육의 서글픈 자화상이다. 그리스도인 부모들은 정작 하나님이 말씀하시는 자녀교육의 원리에는 귀 기울이지 않으면서 주위를 둘러보며 얼마나 불안해하고 있는지 모른다.

이런 사회적 압력을 가장 크게 받는 사람은 부모 중에서도 특히 엄마이다. 아이들이 자라는 동안에는 좋은 학교에 가게 하려고 야단을 떨고 나이가 들어서는 좋은 직업을 선택하고 좋은 배우자를 만나는 일에도 강력하게 간섭한다. 자녀에 대한 이런 집착을 보면 두려울 정도이다. 엄마가 계획해서 만들어낸 아이들이 앞으로 커서 이루어갈 우리의 사회는 어떤 모습일까?

예전에는 '치맛바람'이란 말이 있었다. 어머니들이 사랑으로 자녀들의 교육에 적극적으로 나서는 것은 귀한 일이지만 치맛바람은 정말 문제이다. 치맛바람의 사례는 복음서에서도 찾아볼 수 있다. 마 20:20-28 그 장본인은 세베대의 아내이자 요한과 야고보의 어머니이다. 그녀는 자식의 일로 예수님을 찾아왔다. 그녀는 정말 경건한 여인이었고 주님께 나와서 무릎을 꿇었으며 주의 나라가 오는 것을 간절하게 소망했던 사람이다. 20절 이렇듯 경건한 신앙을 지녔음에도 불구하고 그녀는 자녀 문제로 치맛바람을 일으키고 말았다. 그녀가 왜, 어떻게 치맛바람을 일으켰는지 살펴보자.

첫째, 이 엄마는 주님의 나라보다 자식들의 미래에 더 관심이 많았다. 그녀는 주님이 주의 나라에서 왕이 될 때 자신의 두 아들이 그 양편에 앉기를 소망했다. 21절 그녀는 지금 예수님이 고난을 당하고 죽으시게 된 것에 대해서는 아무 관심이 없다. 오로지 자기 자식이 영광을 얻는 데만 신경을 썼다. 주의 나라를 말하지만 그

3장 부모, 욕심을 버려라

나라의 주인 되시는 예수님보다 자녀들의 장래에 더 관심을 가졌던 것이다.

이렇듯 자녀 사랑이 지나치면 자녀를 예수님보다 더 중요하게 생각하게 된다. 모든 것을 자녀 혹은 자녀의 미래를 중심으로 생각하게 된다. 신앙이 없는 사람들은 예수님을 아예 무시한다지만 신앙이 있다는 사람들이 예수님을 자녀의 미래를 위한 도구로 끌어내리고 있는 것이다.

둘째, 이 엄마는 자기 아들들만 생각했지 다른 제자들을 신경 쓰지 않았다. 당시 예수님의 주변에 있었던 제자들은 그녀의 아들들을 포함해 열두 명이었다. 그러나 이 엄마는 자신의 두 아들만 보았다. 나머지 열 명의 제자들은 안중에도 없었다. 그녀의 이야기를 전해 들은 나머지 제자들이 분개한 것이 충분히 이해된다.[24절]

어머니의 자식 사랑이 지나치면 다른 사람들을 돌아볼 여지가 없어진다. 한마디로 이기심에 눈이 멀어 다른 사람들을 보지 못하게 되는 것이다. 요즈음 부모들은 그저 자기 자식만 잘 되기를 바란다. 주변 사람들과 협력해서 살기보다는 경쟁에서 이기기만을 원한다. 그런다고 해서 자녀가 경쟁에 이길 수 있는 것도 아니고 혹 경쟁에서 이긴다고 해서 행복하게 되는 것도 아닌데 말이다.

셋째, 이 엄마는 자기 아들들이 받을 영광만 생각했지 그들이 섬기는 자가 되어야 할 것을 생각하지 못했다. 주님의 나라에서는 높은 자리에 있는 사람이 오히려 다른 사람을 섬겨야 한다. 예수님이 그 본을 보여주셨다. 그런데 많은 사람들은 자녀들이 잘 되어서 뭇사람의 섬김을 받게 되기만 기대한다.

자기 자녀들이 공부를 잘하기 원하는 것은 출세해서 사회적으로 높은 자리에 오르기를 기대하기 때문이다. 자녀들이 영광 받기를 기대하지만 그것을 위해서 고난 받는 것은 생각지도 않는다. 남들보다 고생은 좀 덜하고 영광은 좀 더 받기를 원한다. 심지어 하나님의 나라를 위해서 일하면서도 고생 없이 영광만 받기 원한다.

우리 부모들이 자녀에게 갖는 이러한 기대나 욕심을 보면 믿음의 사람들이 주 안에서 새롭게 되어야 할 영역이 바로 이 부분이 아닌가 싶다. 예수님이 자신을 따라오는 제자들에게 부모와 처자를 미워하지 않으면 제자가 될 수 없다고 하신 말씀이 이해된다. 정말 예수님을 따르기 위해 부모들이 제일 먼저 결단할 일은 자녀들에 대한 집착을 떨쳐버리는 것이다.

교육에도
내려놓음이 필요하다

> 우리의 아이들을 편한 길로 인도하지는 마옵소서.
> 그렇지만 아름다운 길로 인도하옵소서. —J. 코르작

한동안 '내려놓음'이라는 말이 성도들 사이에서 많이 오르내린 적이 있는데 그 말에서 입시와 사교육 문제의 해답을 찾을 수 있지 싶다. 지금 우리 부모들은 자녀들이 생각하고 책임져야 할 것을 자신이 붙잡고 있다. 그토록 집착하는 이유는 자녀를 자신들의 자랑거리로 생각하기 때문이다. 하지만 안타깝게도 정작 자녀들은 그러한 부모들을 그리 자랑스러워하지 않는다.

우리나라 부모들은 종종 자녀들에게 사교육을 제대로 시키지 못한 것을 후회하고 미안해한다. 사교육을 시키는 것이 부모의 마땅한 책임인 양 여기고 그것을 제대로 못하는 사람은 부모 노릇을 제대로 못한다고 생각한다. 한편 자녀들의 교육을 위해서 돈을 쓰

는 부모들은 스스로 자부심을 갖는 것 같다. 그런데 부모들이 자녀들을 좋은 학교에 보내기 위해서 무리하게 사교육을 시키는 것은 결국 부모 자신들의 만족을 위한 것임을 대부분의 자녀들이 느끼고 있다는 사실을 아는가? 자녀들은 스스로 알아서 공부할 수 있도록 부모가 분위기를 조성하고 자신들을 믿어주기를 더 원하는지 모른다. 그런 부모를 더 자랑스러워할 것이다.

언젠가부터 위장전입 문제가 심각해졌다. 공직자 후보를 심사할 때 꽤 많은 후보자들이 위장전입했던 사실이 드러나는 것을 본다. 우리 사회의 부끄러운 단면이다. 그들이 위장전입을 한 이유는 대개 두 가지로 요약된다. 부동산과 자녀교육이다. 이중에서도 자녀교육 때문에 위장전입을 하는 것은 거의 맹모삼천의 수준으로 여기며 보편적인 일이 되어버린 것 같다. 실은 부모가 자녀를 자신의 자랑거리로 삼으려는 바람에 부끄러운 일을 저지른 것인데 말이다. 이런 부모를 자녀가 자랑스러워할 수 있을지 의문이다.

부모라면 자녀들의 교육에 대해 한번 조용히 생각해볼 필요가 있다. '지금 내가 하고 있는 일은 정말 자녀를 위해서 하는 일인가, 아니면 자녀를 나의 자랑거리로 만들기 위해서 하는 일인가?' '이런 내 모습을 보면서 자녀들이 나를 자랑스러운 부모로 생각할 것인가?' 이런 질문을 자신에게 던져보고 솔직하게 대답해보자.

우리집 큰아들은 고등학교 시절에 공부하기 힘들어 했다. 그래서 대학에 가기보다는 하고 싶은 일을 일찌감치 배워서 사회에 나가는 것이 어떻겠느냐고 제안한 적이 있다. 아들은 며칠을 곰곰이 생각해보더니 그냥 대학에 갈 준비를 하겠다고 했다. 그런 후 시키지 않아도 혼자 열심히 공부하더니 대학에 들어갔다.

막내아들에게도 중학교 시절부터 고등학교를 정할 때 앞으로 대학을 갈 것인지 아니면 조리고등학교 같은 실업계 고등학교에 가서 실제적인 공부를 해서 곧바로 사회에 진출할 것인지 생각해보라고 했다. 막내아들은 학교 성적이 그리 뛰어나지 않아서 굳이 대학에 가지 않고 고등학교만 졸업한 후 하고 싶은 일을 하는 게 더 낫겠다는 생각이 들었기 때문이다. 나중에라도 대학 공부가 필요하다고 느끼면 그때 가서 얼마든지 공부해도 된다고 했다. 내 말을 듣고 고민하던 막내아들도 일단 대학에 갈 준비를 하겠다고 말했다. 막내아들은 인문계 고등학교에 진학해서 성적 때문에 고생을 좀 하다가 대학에 갔다.

내가 자녀들에게 이런 제안을 한 것은 대학에 가는 것이 인생에서 절체절명의 일이 아니기 때문이다. 또 대학 진학의 여부를 부모가 결정하지 않고 자녀들이 스스로 대학에 갈지, 간다면 어떤 대학에 갈지 결정하는 것이 옳다고 생각했기 때문이다.

사실 세 자녀를 공부 시키면서 사교육의 필요성을 느꼈다. 큰아이는 혼자서도 공부를 잘해왔지만 고등학교 3학년 막바지에는 다른 사람의 도움이 필요해 보였다. 결국 아이 스스로가 원해서 학원을 몇 달간 다녔는데 그것이 꽤 도움이 된 모양이었다. 둘째인 딸은 공부를 비교적 잘했지만 한번은 수학 성적이 많이 떨어진 적이 있었다. 그래서 학원이나 과외 수업을 받아보지 않겠느냐고 제안했더니 그냥 자신이 좀 더 노력해보겠다고 했다. 부모의 입장에서 약간 염려가 되기는 했지만 자신이 그렇게 말하니까 그냥 받아들였다. 과연 아이는 열심히 공부하더니 성적이 조금씩 올라갔다. 두 아이를 키우면서 사교육을 따로 시키지 않아도 얼마든지 성적을 올릴 수 있다는 확신을 얻었다.

그런데 셋째는 큰아이들 같지 않았다. 형이나 누나와 비교해서 실력이 많이 떨어졌다. 그래서 사교육을 권해보았다. 그때 막내가 사교육을 받겠다고 했으면 시켰을 것이다. 혼자 공부해도 성적이 안 나오니 도움을 좀 받으면 좋겠다는 아이에게 "사교육은 절대 안 돼" 하는 식으로 우기고 싶지는 않았으니 말이다. 그런데 형과 누나의 경우를 봐서 그랬는지 막내도 자기 혼자 공부를 해보겠다고 했다. 외부의 도움은 인터넷 강의를 듣는 정도로 했다.

하지만 막상 성적에 도무지 변화가 없으니 부모 마음에 답답하기는 했다. 그래도 아이에게 더 이상 사교육을 권하지는 않았다. 사교육을 받고 안 받고는 자신이 결정할 문제이며 결정을 내리는 데 도움이 필요할 경우에만 도움을 주는 것이 부모의 책임이라고 생각했기 때문이다. 자녀들에게 이런 제안을 한 것은 공부는 자기 동기를 가지고 해야 제대로 할 수 있고, 그것만이 평생 가져갈 중요한 자산이 된다고 믿기 때문이다. 자녀들을 키우다보면 사교육이 무척 아쉬워질 때가 있다. 공교육의 질을 아무리 높여도 사교육의 수요를 없앨 수는 없을 것이다. 사교육 자체가 문제가 아니다. 우리나라 사교육의 문제는 그 주체가 부모에게 있다는 것이다. 사교육 문제를 해결하기 위해서는 그 주도권을 부모들로부터 거두어 자녀들에게 넘겨주어야 한다.

아이들이 나름대로 인생의 목적을 세우고 그것을 이루기 위해 대학에 가겠다고 결심하며 대학 입시 공부를 열심히 하기 위해 사교육의 도움을 받는다면 입시나 사교육이 사회 문제가 될 리 없다. 문제는 그 모든 것의 주도권을 부모가 쥐고서 좌지우지하는 데 있다. 자녀를 좋은 학교에 보내려는 마음이 잘못된 것은 아니다. 사교육을 시키는 것 자체도 나쁜 것은 아니다. 그러나 우리 마음 안에 자녀를 자랑거리로 삼으려는 잘못된 동기가 자리 잡고 있다면 결과가 어떻든 반드시 자녀에게 좋지 않은 영향이 미칠 것이다.

왜 신앙 사교육은 하지 않는가?

내가 대통령이 된 것은 어머니가 주신 성경 덕분이었다. —링컨

얼마 전 한 부모로부터 뼈아픈 고백을 들은 적이 있다. 자기 생애의 가장 큰 실수가 자녀에게 "너, 대학에 들어간 다음에 다시 교회 나가도 되지 않겠니?"라고 말한 것이란다. 잠시 교회를 쉬고 일류 대학에 들어간 다음에 다시 교회에 나가면 학업과 신앙 두 가지를 다 얻을 수 있으리라고 기대했던 것이다. 그러나 그렇게 교회를 떠난 자녀가 여태껏 교회를 등지고 살게 될 줄은 몰랐다고 그는 눈물을 지었다.

기독학부모교실에서 만난 한 어머니는 중학생 딸이 아침마다 한 시간씩 큐티(경건의 시간)부터 하고 있는 것이 너무나 밉다고 털어놓았다. 집중이 잘 되는 아침 시간에 수학 공부를 하면 좋을 텐

데 큐티를 하고 있는 모습을 보자니 속상했다는 것이다. 그래서 딸에게 "큐티는 점심 먹고 졸릴 때 하고 정신 맑은 아침에는 수학 공부 좀 해라"고 다그쳤다고 한다.

오늘날 대부분의 학부모들은 자녀들의 학업 성적에만 관심이 있다. 자녀들의 성적이 오르는 것을 원하지 않는 부모가 어디 있겠는가? 문제는 신앙, 태도, 학업 중 앞의 두 가지를 무시한 채 학업만 추구하고 있다는 것이다. 자녀의 가치관과 태도가 올바르게 형성되는 것에 관심이 없고 오로지 몇 점의 점수를 올리는 데 혈안이 되어 있다. 그래서 학원에 보내고 과외도 시키고 이른바 치맛바람을 일으키고 있는 것이다. 신앙과 태도가 상실된 학업 성취는 매우 불안하고 위험하다. 당장은 억지로 공부를 시키고 그 결과 점수가 몇 점 올라갈지 모르지만 그것은 잠시뿐이다.

얼마 전에 젊은 엄마들이 모여 자녀교육에 대한 얘기를 나누는 것을 들은 적이 있다. 화제는 태교 논술이었다. '태교 논술.' 태중에 있는 아이에게 논술 실력을 키워주기 위해 엄마가 논술 강의를 듣는 것이다. 태교 논술의 수강료가 월 30만 원씩 하는데 자리가 없다고 한다. 우리나라의 입시 경쟁이 태교에서부터 시작되고 있는 것이다. 태교 관련 책 중에 「엄마 아빠가 함께하는 톡톡톡 영어 태교」라는 책이 있는데 원어민의 발음으로 녹음된 CD가 들어 있다. 아이가 영어를 잘하기 위해서는 엄마 뱃속에 있을 때부터 제대로 된 발음의 영어를 들려주어야 한다는 취지이다.

요즘 엄마들은 아이가 태어나면 걸음마를 하기 전부터 '가나다라', 'ABCD' 포스터로 창문에 도배를 한다. 아직 우리말도 제대로 못하는 아이에게 영어를 가르치는 부모들이 얼마나 많은가? 영어교육은 어릴 때부터 할수록 좋다는 말만 믿고 영유아 교육에서부터 영어몰입 교육을 시키는 부모들이 인산인해를 이루고 있다.

그뿐이 아니다. 초등학교에 들어가기 무섭게 특목고 입시 전쟁이 시작된다. 「초등학교 때 시작하는 특목고 입시전략」과 「서울대를 꿈꾸는 초등학생이 꼭 알아야 할 28가지」 같은 책이 베스트셀러에 올랐고 그 밖에 비슷한 종류의 책들을 쉽사리 찾아볼 수 있다. 많은 교육전문가들이 지적하는 것처럼 우리나라 학생들은 초등학교 4학년이 되기 전에 이미 입시준비로 진이 다 빠져버린다. 중·고등학생이 되면 방과 후 수업과 학원을 다니느라 부모 자식 간에 얼굴을 보기가 어렵다.

이런 현실 속에서 기독교인 가정마저도 부모와 자녀가 함께 신앙적인 대화를 나눌 여유를 갖지 못한다. 그저 "밥은 먹었니?", "돈 필요해?", "왜 학원 안 가니?" 정도의 말만 주고받을 뿐이다. 가정예배도, 부모와 자녀의 대화도, 삶의 나눔과 사랑의 격려도 사라져버린 가정은 말라붙은 강바닥처럼 갈라져 있다. 메마른 가정에 다시금 생수가 흘러 들어가야 한다. 가정마다 하나님의 은혜로운 언어로 충만해져야 한다. 신앙적인 대화, 성경 말씀, 비전과 꿈이 담긴 이야기, 사랑과 용서의 언어들이 풍성해져야 한다. 가정예배와 부모, 자녀가 함께하는 큐티는 진정한 의미에서 기독교 가정을 회복하는 은총의 통로가 될 것이다. 가족이 함께 예배 드리고 말씀을 나눌 때 하나님이 창조하신 원래 가정의 모습을 되찾을 수 있을 것이다.

자녀를 믿음으로 키우기 위해서는 자녀의 신앙교육에 우선권을 두어야 하는데, 이러한 우선권을 두는 행위는 시간의 우선적인 투자로 나타나야 한다. 홈스쿨을 하지 않는 한 정규 학교교육 시간은 어쩔 수 없다 하더라도 방과 후 교육이나 학원에 보내는 시간은 아이가 말씀 묵상이나 암송, 기도의 시간을 충분히 가지는 것을 방해하지 않는 범위로 대폭 축소할 필요가 있다. 부모가 집에 있을 경우에는 방과 후 엄마와 함께 매일 한 시간 정도 충분히 말씀과 기도의 시간 가지기를 전제로 다른 일정을 조정하고, 맞벌이 부모의 경우 교회 교역자에게 부탁해서 아이가 매일 교회에 들러 경건 훈련을 받게 할 수도 있다.

특별히 방학은 자녀에게 신앙교육을 시킬 절호의 기회이다. 방학이라는 말의 의미가 그렇듯 보통 부모들은 자녀의 방학을 맞이하면 자녀에게 부족한 부분이 무엇인지 잘 살펴서 그 부족한 부분에 맞는 가장 적절한 보충학습이 무엇일지 고심하고 그것을 위해 최선의 투자를 한다. 하지만 학습의 부족함을 살피기 이전에 자녀의 신앙에 무엇이 부족한지 우선적으로 살펴야 한다. 그래서 교회에서 하는 성경학교나 수련회 프로그램에 우선적인 시간 투자를 하는 것은 물론이고, 혹 교회의 프로그램이 충분하지 못하다고 판단될 경우에는 여기에 추가해서 여러 선교기관에서 주관하는 신앙캠프나 수련회에 보내어 그 부분의 훈련과 자극을 받고 올 수 있게 해야 한다.

물론 이렇게 하면 학습과 관련된 학원이나 기타 프로그램의 시간들이 끊기는 어려움을 감수해야 한다. 하지만 자녀와 함께 기도하고 말씀 보고 삶을 나누기 위해 다른 일정을 조정해야 한다. 자녀의 학원 종수와 시간을 줄여야 하고 학교에서 너무 늦게까지 야간 자습하는 시간도 줄여야 하며 부모의 일정도 조정할 수 있는 것은 조정해야 한다. 이 모든 일들을 매일 실천하기 힘들다면 가능한 한두 가지라도 매일 실천하고, 일주일에 두세 차례씩 가족이 다함께 둘러앉는 시간을 갖는 등 이 일에 우선순위를 두고 목숨을 걸려는 자세가 필요하다.

약속의 자녀에게 영원한 생명을 주는 일이 어찌 쉽게 되겠는가? 자녀를 대학에 보내는 것보다 더 많은 시간과 정성을 투자해야 하지 않겠는가?

성경적 자녀학습 세우기

> 마땅히 행할 길을 아이에게 가르쳐라.
> 그러면 늙어도 그것을 떠나지 않는다. —잠언

자녀교육에서 신앙교육에 우선순위를 두는 것과 더불어 꼭 알아야 할 것이 성경적 교육관이다. 신구약 성경에 지속적으로 나타나고 있는 기독교 자녀교육의 원리는 신앙과 태도와 학업을 연결시키는 것이다. 그 대표적인 성경 구절이 "여호와를 경외하는 것이 지식의 근본"이라는 잠언 1장 7절 말씀이다. 여호와를 경외하는 신앙은 권위에 순종하며 경청하는 태도를 낳고 이러한 태도를 지닌 자녀는 학업 성적이 오르게 마련이다. 하나님께 경건하게 예배 드리는 자녀는 성실과 인내, 겸손이라는 성품과 태도를 갖추게 되고 이러한 자녀는 학업 성취가 지속적으로 향상된다. 하나님의 말씀을 묵상하는 자녀는 비전과 꿈을 갖게 되고, 왜 공부하는지 목적을 아는 자녀는 학업에 진지하게 임하게 된다.

오늘날 세속적 자녀교육은 학업만 강조하고 그것에 매달린 나머지 신앙과 태도를 잃어버리고 결국에는 학업마저도 지속할 수 없게 되는 교육이다. 그러나 기독교적 자녀교육은 여호와를 경외하는 신앙을 통해 왜 공부하는지에 대한 가치관을 확립해주고 바른 성품과 태도를 만들어주어 시간이 갈수록 학업 성취가 지속적으로 향상되는 교육이다. 학업만 강조하는 것은 에스겔 골짜기의 마른 뼈와 같다. 신앙과 태도는 그 뼈에 근육이 생기고 살이 붙게 하며 마침내 생기를 불어넣어 힘 있는 군대가 되게 하는 것과 같다. 성경은 가장 좋은 자녀교육의 원리로 우리를 초대하고 있다.

다시금 성경으로 돌아가 자녀교육에 있어서 하나님의 원리가 무엇인지 깨달아야 한다. 이것이 바로 '성경적 자녀학습 세우기'이다. 성경적 자녀학습 세우기는 다섯 가지 원리로 요약된다.

첫째, 기초 닦기로서 '여경지근의 원리'이다. '여호와를 경외하는 것이 지식의 근본임'을 분명히 깨닫는 과정이다. 집을 짓는 모든 과정은 이 기초 위에서 진행된다.

둘째, 왼쪽 기둥 세우기로서 '자기주도적 학습의 원리'이다. 스스로 공부하는 성경적인 원리이다.

셋째, 오른쪽 기둥 세우기로서 '꿈과 비전의 원리'이다. 공부의 목적과 방향을 확고히 하게 된다.

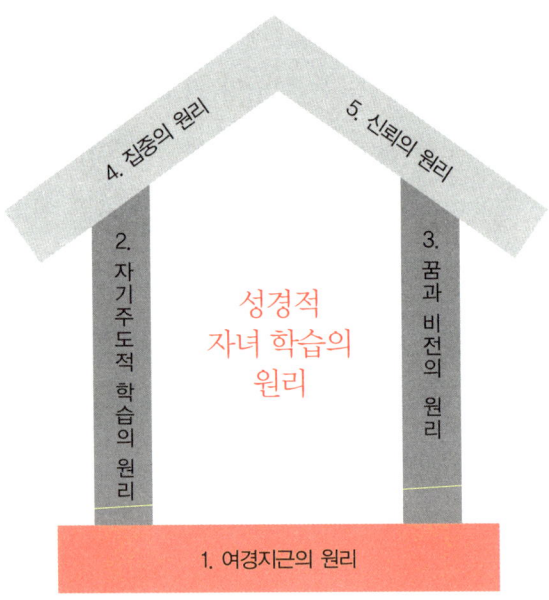

넷째, 왼쪽 지붕 덮기로서 '집중의 원리'이다. 허공을 맴도는 공부가 아니라 초점을 맞춰서 공부하는 태도가 형성된다.

다섯째, 오른쪽 지붕 덮기로서 '신뢰의 원리'이다. 성경적 자녀교육은 믿음의 교육이다. 믿고 기다리며, 기도하고 격려하는 공동체를 이루어야 한다.

하나님은 성경 속에 엄청난 자녀교육의 축복을 예비해두셨다. 이 원리대로 자녀가 학습할 수 있도록 도울 때 자녀는 신앙과 태도와 학업에 조화를 이루며 하나님의 일꾼으로 성숙해질 수 있다. 세속의 교육만 따르면 성적 올리는 데 급급해져 신앙과 좋은 태도를 잃어버리고 결국 성적도 올리지 못하게 된다.

하나님의 원리는 오늘도 살아 있다. 하나님은 그 원리를 깨닫고 오늘의 자녀교육에 적용하기 원하는 부모들을 찾고 계신다. 다음은 두 자녀를 키우는 한 교인이 쓴 편지의 일부이다.

"언젠부턴가 독서토론 선생님이 우리 아이가 어둡다는 얘기를 많이 하시며 아이의 심리, 성격, 성향 테스트를 꼭 받아보라고 하셨어요. 차마 거절하지 못하고 검사를 받고 며칠 후 남편과 같이 가서 결과를 들었어요. 아이가 스트레스가 많다고 하더군요. 잡념이 많고 하루하루 힘들게 살아가고 있다고요. 상담 때 아이가 선생님께 한 얘기를 듣고 가슴이 아팠어요. 친구들과 놀고 싶은데 시간이 없고, 스트레스가 많아 친구의 작은 장난도 받아주기 힘들고, 걸을 때도 집중이 안 돼 종종 넘어진다고 하더군요. 지금 뭘 가장 하고 싶으냐는 질문에는 '좀 자고 싶다', '쉬고 싶다'라고 말하더랍니다.

남편과 같이 상담 받고 오면서 반성을 많이 했어요. 집에 가서 아이와 충분히 얘기한 후 하기 싫은 것은 다 끊기로 했죠. 수영, 피아노, 독서토론만 하겠다고 하더군요. 사실 그것은 제게 쉽지 않은 결정이었어요. 학교 갔다와서 마음 놓고 노는 아이의 모습을 보는 게 편치 않았어요. 아이는 이런 결정을 해준 것에 고마워했지만 정작 저는 아이의 성적이 떨어져 영영 오르지 않을까 봐 조마조마했어요. 저러다가 언젠가 스스로 공부하겠지 기대하며 사춘기가 오기 전에 이런 시간을 갖게 된 것이 잘 된 일이라고 스스로 위안도 했지만 사실 너무나 불안했어요. 성경통독을 시작한 것도 불안한 마음을 어떻게든 다스려보자고 생각했기 때문이에요. 그러던 차에 목사님이 기독학부모교실에 참석할 것을 권했고 거기서 두 달 동안 많은 것을 배우고 나니 머릿속이 한결 정리된 느낌이에요.

이젠 아이가 노는 것을 봐도 별로 불안하지 않아요. 오늘 기말고사를 봤어요. 4학년 때까지만 해도 몇 명 안 되는 반에서지만 곧잘 1등을 했는데 이번에 시험 준비를 하면서 수학 실력이 모자라다는 사실을 알게 됐어요. 수학 과외를 시키고 싶은 마음이 또 스멀스멀 올라오네요. 요즘 저희 집은 사교육비가 월급의 10퍼센트 미만으로 내려갔어요. 요즘같이 경제가 어려운 때 감사한 일이죠.

얼마 전 성경을 읽다가 좋은 말씀을 한 구절 발견해서 나누고 싶네요. '여호와여 이 세상에 살아 있는 동안 그들의 분깃을 받은 사람들에게서 주의 손으로 나를 구하소서 그들은 주의 재물로 배를 채우고 자녀로 만족하고 그들의 남은 산업을 그들의 어린아이들에게 물려주는 자니이다.'"시 17:14

자녀의 은사와
능력에 맞게

자기 자신에 대하여 아는 아버지는 슬기롭다. —셰익스피어

가까이 지내는 한 목사의 아들이 자립형 고등학교에 합격을 했다. 이전부터 공부를 잘한다는 소리를 들었는데 역시 그 말대로였다. 좋은 고등학교에 합격한 비결에 대해 물어보았는데 대답은 뻔했다. 아들이 공부를 열심히 했다는 것이다. 열심히 한다고 다 공부를 잘하겠느냐고 반문했더니 자기도 과거에 공부를 열심히 하기는 했는데 아들은 항상 목표를 세우고 그 목표를 이루기 위해서 애쓰는 것이 좀 다른 것 같다고 했다. 일리 있는 말이었다. 그러나 목표를 세우고 열심히 공부하기만 하면 누구나 잘할 수 있을까? 자문을 해보다가 결국 그 아이에게 그만한 능력과 재능이 있기 때문에 가능했다는 결론을 내렸다.

> 사교육을 시키면 아주 바쁘게 공부를 할는지 몰라도
> 열심히 하게 할 수는 없다. 사교육은 공부를 열심히 하는
> 아이들의 부족함을 채워주는 데는 분명히 효과가 있다.
> 그러나 공부를 더 열심히 하게 하는 데는 효과가 없다.
> 오히려 역효과만 나타날 뿐이다.

　공부를 잘하기 위해선 아무래도 다음 세 가지 조건을 갖추어야 할 것이다. 우선 열심히 성실하게 공부해야 한다. 무작정 열심히 하는 것이 아니라 목표를 세우고 그 목표를 이루기 위해서 애써야 한다. 그리고 기본적으로 공부하는 능력과 재능이 있어야 한다. 그런데 모든 아이들이 이런 조건을 갖추고 있지는 않다. 그래서 부모들이 안타까워한다. 안타까운 부모들은 이 조건들을 채워보려고 무지 애를 쓰지만 원하는 대로 되지 않는다. 그 이유는 조건을 채우는 방법을 잘못 찾고 있기 때문이다.

　보통은 자녀가 공부를 열심히 하기를 기대하며 사교육을 시킨다. 그러나 억지로 사교육을 시킨다고 아이들이 열심히 공부하지는 않는다. 사교육을 시키면 아주 바쁘게 공부를 할는지 몰라도 열심히 하게 할 수는 없다. 사교육은 공부를 열심히 하는 아이들의 부족함을 채워주는 데는 분명히 효과가 있다. 그러나 공부를 열심

히 하게 하는 데는 효과가 없다. 오히려 역효과만 나타날 뿐이다. 부모의 등쌀에 못 이겨 학원을 다니는 아이가 이런 이야기를 했단다. "내가 어른이 되면 우리 엄마 아빠 학원에 보낼 거야."

현재는 입시제도가 교육목표를 만들어주고 있다. 좋은 학교에 가고자 목표를 세우고 공부하는 것이 좀 아쉽기는 하지만 아이들이 나름대로 목표를 세우고 공부한다면 그것도 의미가 있다. 문제는 다른 데 있는데, 바로 부모들이 목표를 대신 세워준다는 것이다. 공부에는 어느 정도의 재능이 필요하다. 그것은 아이들에게 내재하는 것으로 부모들이 새롭게 만들 수 있는 게 아니다. 사교육은 그런 능력을 가진 아이들이 좀 더 발전을 하도록 도움을 줄 수 있지만 그런 능력이 없는 아이에게 능력을 만들어주지는 못한다. 이렇게 말하면 부모들이 할 수 있는 일은 아무것도 없는 것 같다. 그러나 그렇지 않다. 이 세 가지 조건을 만족시키기 위해서 부모들이 해야 할 중요한 일이 있다.

우선, 아이들이 성실하게 공부하도록 독려해야 한다. 결과에 연연해하지 않고 열심히 하는 것 자체를 인정해주고 격려해주는 것이다. 그러는 과정에서 부모에게 인내가 필요하다. 한두 마디의 말로 아이들이 쉽게 변하지는 않을 테니 말이다. 성실하게 열심히 공부하는 것은 두고두고 자산이 될 것이므로 지금부터 그런 자세를 가지도록 가르치면서 이를 위해 기도해야 한다.

또한 아이들이 작은 목표부터 세우도록 도와야 한다. 비단 공부에서만 아니라 삶의 다른 영역에서 목표를 세우고 그것을 이루는 기쁨을 누리도록 돕는 것이다. 아이들이 작은 일이라도 성취하고 나면 목표 세우기를 즐거워하게 된다. 그렇게 되기 위해서는 부모가 욕심을 버려야 한다. 그리고 아이들이 세운 목표를 존중해주고 그것을 이루도록 함께 기도해주어야 한다.

모든 아이들이 똑같은 능력을 가지고 있지 않다. 일등 하는 아이가 있는가 하면 아무리 공부해도 일등을 못하는 아이들이 있다. 이것이 부모의 마음을 섭섭하게 한다. 이런 경우 부모가 할 수 있는 일은 없는 능력을 억지로 만들려고 하지 말고 있는 능력을 찾아내는 것이다. 우리나라에서는 공부하는 능력을 높이 평가하는 경향이 있지만 사실 사람에게는 공부하는 것 외에도 얼마든지 다른 능력이 있다.

지금 우리 사회에서 영향력을 미치는 사람들 중에는 공부 잘하는 능력을 갖춘 사람도 있지만 다른 능력을 발휘하는 사람들이 더 많이 있다. 그런 사람들을 알아보기 위해선 창조적인 감각이 필요하다. 창조적인 눈으로 보면 모든 아이들에게서 다양한 능력을 발견할 수 있으며 부모들은 그것을 계발하도록 도울 필요가 있다. 이런 경우라면 얼마든지 사교육의 도움을 받아도 좋다. 자녀교육을 부모의 뜻대로 다 할 수는 없다. 그러나 자녀교육을 위해서 부모만

이 할 수 있는 일이 있다.

고액 과외학원에서 가르치는 한 자매에게 들은 이야기이다. 연년생 형제를 가르치는데 동생은 공부를 곧잘 하는 반면에 형은 좀 떨어진다는 것이다. 자기가 보기에 동생은 명문학교에 무난히 들어갈 것 같지만 형은 아무래도 어려울 것 같다며 그렇게 되면 부모의 실망이 얼마나 크겠으며 본인의 자괴감은 얼마나 클까 벌써부터 걱정된다고 했다. 부모가 경제적으로 여유가 있어 자녀가 공연히 고생을 하는 것 같다는 말도 덧붙였다.

이런 이야기가 특별한 경우 같지만 우리나라의 교육현실에서 아주 보편적인 현상이다. 부모들이 교육에 대한 열정은 있는데 정작 교육을 받는 자녀에 대해서 너무 무지한 경우가 얼마든지 있다. 부모가 든든하게 뒷받침을 해주는데 아이들은 공부를 열심히 하기만 하면 되지 않겠느냐고 생각하는 사람들이 많이 있다. 논리적으로 말이 될 것 같은데 현실적으로는 그렇지 않다.

그런 마음을 가진 부모들이 "내게 능력 주시는 자 안에서 내가 모든 것을 할 수 있느니라"[빌 4:13]는 말씀을 들으면 귀가 번쩍 뜨일 것이다. 그 말씀을 아이들에게 전해주고 싶을 것이다. 하나님이 능력을 주시면 모든 것을 할 수 있다는데 아이가 열심히 공부하고 부모가 열심히 기도하면 학교 공부를 잘하게 되지 않을까 기대하게 되는 말씀이다. 하나님이 능력을 주시는데 못할 일이 어디 있겠는가 하는 아주 신앙적인 기대를 갖게 된다.

그러나 이 말씀의 의미는 그런 것과는 다르다. 사도 바울이 빌립보교회를 향해 자기가 풍부에 처할 줄도 알고 빈궁에 처할 줄도 알아서 자족의 비결을 배웠다고 한 후에 한 말이다.[빌 4:11-12] 어떤 상황에서도 견딜 수 있는 믿음을 가졌다는 이야기이다. 그러므로 이 말씀은 자녀들에게 적용하기보다 부모들에게 적용하는 것이 더 적합하다. 자녀들이 공부를 잘해도, 좀 못해도 수용할 수 있는 자족의 비결을 배워서 어떤 상황에든지 감사할 수 있는 믿음을 가지라는 것이다. 그게 내게 능력 주시는 자 안에 모든 것을 할 수 있다는 말씀 속에 숨겨진 의미이다.

그렇다고 공부 못하는 아이의 인생은 포기해야 하느냐고 묻는다면 그게 말이 되냐고 오히려 반문하고 싶다. 우리 가정의 아이들만 해도 삼남매가 저마다 아주 다르다. 능력도 다르고 재능도 다르다. 사람들은 우리 아이들을 보면서 객관적으로 누구는 뛰어나고 누구는 그렇지 못하다고 말하겠지만 그것은 사람의 생각일 뿐이다. 하나님이 보시기에는 다 귀한 아이들이다. 하나님은 모든 아이를 다르게 창조하셨기 때문이다.

부모들이 그 아이에게 주어진 독특한 재능이나 능력을 발견해서 계발시키면 얼마든지 멋진 인생을 살도록 도울 수 있다. 다만 부모들에게 그럴 마음의 여유가 없는 것이다. 부모들에게는 사랑하는 아이보다 당장 눈앞의 성적, 코앞의 입시가 더 중요하기만 한 것이다. 그래서 많은 아이들이 고통을 당하고 있다.

그래도 대학은 가야 하지 않느냐고 반문하는 부모들이 있다. 그것 역시 현실적으로 맞지 않는 반문이다. 우리나라처럼 자녀를 대학에 많이 보내는 나라가 별로 없다. 교육열이 높다는 일본보다도 대학 진학률이 월등히 높다고 한다. 정작 대학을 나온 사람들이 필요한 일은 그렇게 많지 않은데 대학을 나온 사람은 엄청나게 많다. 청년실업의 구조적인 원인이 여기에 있다. 그래도 부모들은 대학에 갈 능력이 안 되고 꼭 갈 필요 없는 아이도 무작정 대학에 보내려고 한다. 그 결과 멀쩡한 청년들이 대학을 나온 후에 그냥 놀기도 하고 대학을 나오고도 전공을 살려 일한다는 것을 생각지 못하게 되었다. 이른바 학력 인플레 현상이다.

이런 현실을 바로 보는 그리스도인 부모들은 지혜롭게 판단해야 한다. 부모에게 필요한 지혜라는 것은 다른 것이 아니다. 무작정 남이 하는 대로 따라하지 않고 우리 아이에게 맞는 목표를 세우고 교육을 시키는 것이다. 그렇게 할 때 아이들 개인도 행복할 수 있고 가정도 회복될 수 있으며 사회도 정상적으로 돌아가게 될 것이다. 부모들의 지혜로운 결단이 필요하다.

사교육의 부작용

> 자녀들에게 줄 수 있는 가장 큰 선물은 책임감이라는 뿌리와 독립심이라는 날개이다. ―데니스 웨이틀리

오늘날 우리 교육의 가장 심각한 문제 중 하나가 아이들이 스스로 공부하는 태도를 갖지 못한다는 데 있다. 청소년위원회가 중·고등학교 학생들의 하루 공부 시간을 조사한 결과에 따르면, 최근 5년 사이에 학원과 과외 시간은 급증했지만 스스로 공부하는 시간은 격감했다. 중학생의 경우에 학원이나 과외 시간이 하루 평균 57분에서 88분으로 증가한 반면 스스로 공부하는 시간은 72분에서 55분으로 감소했다. 지나치게 사교육에 의존하는 학습 형태는 스스로 공부하는 자기주도적 학습 능력을 심각하게 감퇴시키고 있고, 이는 당장 점수 몇 점을 올리게 할지는 몰라도 지속적으로 공부하는 태도를 기르는 데 장애물이 되고 있다.

하나님은 인간을 창조하실 때 자유의지를 허락하셨다. 여기에는 놀라운 하나님의 학습 원리가 담겨 있는데 바로 스스로 의지를 갖고 뜻을 정하여 공부하는 원리이다. 인간은 지·정·의를 지닌 존재로 창조되었다. 그런데 불행하게도 오늘날 우리 교육은 '지'[知]에만 치중하고 '정'[情]과 '의'[義]를 무시한 결과 지식교육에서도 실패하고 있다. 지식과 정서, 의지는 함께 가야 하는데 특히 학습에서 아주 중요한 역할을 하는 것이 의지[will]이다. 스스로 공부하는 태도를 기르지 못한 채 학원이나 과외공부의 비중이 지나치게 높은 사교육 의존적 교육을 받는 자녀는 의지가 박약해져 결국 장기적인 교육 차원에서 실패하고 만다. 다니엘처럼 스스로 뜻을 정하는 것이 교육에서 얼마나 중요한지 깨달아야 한다.

「학원사용설명서」라는 책이 있다. 이 책의 저자는 모든 제품에는 사용설명서가 있는데 학원에는 사용설명서가 없다며 학원을 제대로 사용하는 방법은 자기주도 학습이 이루어지는 범주 안에서 학원을 활용하는 것이라고 주장한다. 스스로 공부하는 시간을 갖지 못한 채 학원만 다니는 것은 약을 과다복용 하는 것처럼 학원을 오용하는 것이다. 학원을 다니는 것 자체가 죄이거나 악한 일은 아니다. 학원을 적절히 이용할 줄 알아야 하는데 스스로 공부하는 자기주도적 학습 태도가 형성되어 있는 학생이 자신의 공부를 위해 꼭 필요한 만큼만 학원을 다니는 것이 바람직하다.

> 엄마 주도적 학습이 강화되면 될수록 자녀의 자기
> 주도적 학습 능력은 감퇴되고 이는 장기적으로 성격 형성은
> 물론 학업에 있어서도 부정적인 영향을 끼치게 된다.
> 그리스도인 부모들부터 자녀가 자기주도적 학습 태도를 기르도록
> 격려하는 것이 사교육 팽창 문제를 해결하는 지름길이다.

불행하게도 우리나라 교육에서는 자녀들의 자기주도 학습이 아니라 엄마 주도의 학습이 이루어지고 있다. 엄마들이 학원과 과외에 대한 온갖 정보를 수집하고 자녀들을 사교육 시장으로 내몰고 있다. 엄마들은 자신들이 수험생인 것처럼 불안해하고 쫓기듯이 자녀들을 다그치며 입시 경쟁에 뛰어들게 하고 있다. 심지어는 자녀들이 학원을 제대로 다니고 있는지 확인하기 위해 자녀들을 미행하거나 모니터로 감시하는 경우도 있다.

그러나 엄마 주도적 학습이 강화되면 될수록 자녀의 자기주도적 학습 능력은 감퇴되고 이는 장기적으로 성격 형성은 물론 학업에 있어서도 부정적인 영향을 끼치게 된다. 그리스도인 부모들부터 자녀가 자기주도적 학습 태도를 기르도록 격려하는 것이 이 사회의 사교육 팽창 문제를 해결하는 지름길이다.

미국 프린스턴대학의 한 종신교수와 자녀교육에 대해 이야기할

기회가 있었다. 그 교수는 자신이 프린스턴대학의 교수이니만큼 자녀들이 앞으로 진학할 학교에 대해서도 은근히 기대를 했다고 털어놓았다. 그러다가 그런 기대가 자녀들에게 쓸데없는 부담이 되는 것을 인식하고 완전히 마음을 비웠다고 한다. 이런 아버지의 태도에 변화를 느낀 자녀들이 나중에 오히려 공부를 더 열심히 하더란다.

아버지의 태도도 중요하지만 어머니의 역할이 더 중요한 것 같아서 어떻게 자녀를 교육하는지 그의 아내에게도 한번 물어보았다. 부인은 아이가 두세 살 때부터 공부를 잘하게 하려고 무진 애를 썼다고 한다. 책을 읽히고 시를 외우게 하는 등 아이들을 쉴 틈 없이 볶았다고 한다. 그러니 자녀와의 관계가 안 좋아지는 것이 당연했다. 그러다 어느 날 자기가 그렇게 자녀의 공부를 위해서 애쓰는 것이 모두 자녀의 행복을 위해서인데 정작 자녀들은 그 과정에서 너무 불행하다는 생각이 들었단다. 그래서 자녀들의 진정한 행복을 위해서, 자녀들을 살리려고 그동안 애쓰던 일들을 다 내려놓았다고 한다. 처음에는 그렇게 하고 나서 '정말 이렇게 내버려둬도 될까?' 하는 생각에 불안했단다. 그러나 참고 기다리니까 자녀들과의 관계도 조금씩 회복되고 아이들도 점차 스스로 공부를 시작하더란다.

한마디로 이들 부부의 교육철학은 공부에 관한 한 아이들에게 맡기는 것이었다. 그렇다고 이들이 자녀교육에 무관심하게 된 것은 결코 아니었다. 자신이 책을 좋아하기 때문에 아이들이 공부하는 과목이 있으면 그것에 관한 책을 자기도 공부했다는 것이다. 아이에게 공부하라고 말하지 않고 그냥 자신이 공부하는 모습을 보여주었다는 것이다. 그러면서 한국의 아버지들이 자녀교육을 아내에게 다 맡겨버리고 돈만 벌어 오면 책임을 다했다고 생각하는 모습을 안타까워했다. 세상 모든 아버지가 그 교수 같을 수는 없겠지만 자녀들이 공부를 잘하기 원한다면 아버지가 먼저 공부하는 모습을 보여주어야 하지 않을까 하는 생각이 들었다.

   부인의 경우는 자녀들의 공부에는 손을 뗐지만 자녀교육에 아주 중요한 헌신을 했다. 매일 매일의 저녁식사에 엄청난 수고를 들인 것이다. 아이들이 집에서 저녁을 먹고 싶어 하도록 말이다. 내가 초대를 받아 대접받은 저녁식사도 정말 정성이 가득 담긴 식사였는데 보통 때도 그와 크게 다르지 않다고 했다. 그래서 저녁 때마다 항상 자녀들과 함께 맛있게 식사하면서 대화를 하게 되었다는 것이다. 자녀들의 상황을 모른 채 공부만 하도록 한다면 아이가 공부를 잘할 수 없고 혹 성적이 좋아 명문학교에 가더라도 결코 행복할 리 없다고 부인은 덧붙였다. 그 이야기를 들으니 아이들의 시험 기간만 되면 중국집에서 음식을 시켜 먹는다는 우리네의 한 가정이 떠올랐다.

이들 부부의 이야기를 바탕으로 자녀교육에 대한 몇 가지 원리를 정리해보았다.

첫째, 자녀를 바로 교육하기 위해서 좋은 학교에 가야 한다는 부담을 주어서는 안 된다. 이유야 어떻든 그런 부담을 가지고 공부하는 것은 자기 공부가 아니라 부모를 위한 공부가 되기 때문이다. 더구나 부모들의 체면이 연계된다면 사태는 더 나빠진다.

둘째, 자녀를 바로 교육하기 위해서는 공부하도록 압력을 넣기보다는 공부할 수 있는 분위기를 만들어주어야 한다. 공부할 수 있는 분위기는 가정에 따라 조금씩 다를 수 있다. 그러나 부모들이 텔레비전만 본다거나 아버지가 회사에 늘 묶여 있다거나 어머니가 아이들 먹을거리도 제대로 챙겨주지 못하면서 자녀들이 공부 잘하기를 기대하는 것은 무리이다.

셋째, 자녀들을 바로 교육하기 위해서는 부모와 자식 간에 의사소통이 잘 되어야 한다. 이것은 만유인력의 법칙과 같은 기본적인 원리이다. 부모와 자녀 사이의 대화가 별로 없다면 자녀가 공부를 잘하기도 어렵지만 혹 공부를 잘하고 좋은 학교에 가더라도 결코 행복할 수 없다는 말이다.

우리나라의 모든 부모가 이들 부부와 같이 될 수는 없을지 모르겠다. 그러나 정말 자녀들의 교육에 관심이 있다면 이들의 마음자세를 본받아야 할 것이다.

교육은
기다림이다

> 교육은 원래 가정에서 해야 한다.
> 부모처럼 자연스럽고 적합한 교육자는 없다. —조지 허버트

일간 신문에 서울의 한 외국어 고등학교의 유학반 졸업생들에 대한 기사가 실렸다. 졸업 후에 미국 명문대학교에 입학한 이들 중 다섯 명만 미국에서 취업을 하고 나머지는 한국에 돌아와 새로운 길을 찾고 있다는 내용이었다. "아이비리그까지는 잘 갔다." 이것이 기사의 소제목이었다. 아마도 그 부모들은 자녀들이 특목고에 들어갔으며 나아가 미국의 아이비리그에 속한 명문대에 입학했으니 자녀교육에 성공했다고 생각했을 것이다.

그러나 교육은 보다 멀리 내다보아야 할 문제이다. 명문학교에 입학했다고 해서 교육에 성공한 것이 아니다. 교육은 평생 어떤 삶을 사느냐와 관련이 있다. 어느 학교에 들어가느냐가 아니라 사회

속에서 어떤 역할을 감당하느냐가 중요하다. 불행하게도 오늘날 우리 사회는 서둘러서 '성공신화'를 이야기한다. 소위 '최연소 입학'이라는 칭호를 붙이며 신문에 대서특필되는 것을 우리는 얼마나 많이 보아왔는가? 어느 고등학교, 어느 대학교에 들어가는 것을 교육의 성공인 양 여기고 부러워하는 것이 우리 교육의 현실이 아닌가?

교육은 기다림의 행위이다. 교육을 '백년지대계'라고 표현하는 것도 교육의 이러한 성격 때문일 것이다. 농부가 씨를 뿌린 후 싹이 나고 꽃이 피고 열매가 맺히는 것을 기다리는 것처럼 교육에도 기다림이 필요하다. 조급함은 교육을 그르치는 지름길이다. 싹이 이제 막 나왔는데 자라기를 기다리지 못하고 손으로 마구 잡아당긴다면 얼마나 어리석은 일인가?

오늘날 부모들은 너무나 조급하다. 조급함과 불안함은 불신앙이다. 기다리지 못하는 것은 믿지 못하기 때문이다. 교회 다니는 부모들 중에도 자녀가 특목고나 명문대학을 가지 못하면 자녀교육에 실패했다고 생각하는 사람들이 많다. 내 자녀교육은 '이미' 늦었고 '이미' 끝났다고 생각하기도 한다. 그도 그럴 것이 오늘날 대한민국의 교육은 일정한 성취 수준을 정해놓고 모든 학생들이 그 수준에 도달하는 것을 목표로 하지 않는다. 어떻게 해서든 모든 학생들을 한 줄로 세워서 앞에 선 아이들만 선발하고 나머지 학생들은 버리는 체제를 선택하고 있다. 성취 수준을 향한 자신과의 경쟁이 아니라 다른 아이들보다 좀 더 앞서기 위한 경쟁을 해야 한다. 이러한 체제 가운데서는 모두가 최선을 다해서 공부한다 하더라도 어느 정도의 학생은 공부를 못하는 아이가 되고 패배자로 전락하고 만다.

이러한 체제 가운데서 모든 부모는 자기 자녀가 다른 아이들에 비해 공부를 잘하기 원한다. 자녀가 어릴 때는 모든 부모가 자기 자녀는 남보다 앞서갈 것이라는 막연한 믿음을 갖고 있다. 하지만 자녀가 학년이 올라가면서 여러 시험에서 좋지 않는 성적을 가져오기 시작하면 불안해지며 자연스레 자녀를 닦달하게 된다.

자녀가 공부를 못하는 이유에는 여러 가지가 있을 수 있다. 너무 느긋한 성격이어서 경쟁 체제에 잘 맞지 않기 때문일 수 있고, 가정 형편으로 인해 어렸을 때 공부의 기초를 놓쳤거나 집중력이 떨어지기 때문일 수도 있다. 아니면 게임이나 인터넷에 빠져 있기 때문일 수도 있고, 인지적인 지능이 떨어지기 때문일 수도 있으며, 사춘기 방황을 심하게 겪고 있기 때문일 수도 있다. 아이마다 원인이 다르기는 하지만 실제로 원인을 분석해보면 단기간에 회복하기 쉽지 않은 경우가 많다. 그런데 이러한 현실을 무시하고 조급함으로 아이만 닦달하다보면 실제로 아이의 성적을 올리지도 못하면서 아이와의 관계와 신뢰를 훼손해버리는 최악의 사태로 가기 쉽다.

진정한 자녀교육은 신뢰에서 출발한다. 자녀를 주신 하나님을 신뢰하고 그 하나님이 우리에게 맡겨주신 자녀들을 신뢰해야 교육을 제대로 할 수 있다. 하나님과 자녀를 신뢰한다고 해서 그냥 내버려두면 저절로 교육이 된다고 생각하지는 않는다. 자녀들이 발전하고 성장할 수 있도록 기회를 제공해주어야 한다.

학교를 보내는 것이 부모가 제공할 수 있는 가장 기본적인 기회이다. 때로는 그것이 부족하다고 느껴서 사교육을 시키기도 한다. 사교육 역시 자녀들에게 좋은 기회가 될 수 있다. 어떤 이들은 그 기회를 부모가 직접 제공하기도 한다. 홈스쿨링이 바로 그것이다. 자녀들은 이런 다양한 기회를 활용해서 자기를 발전시키도록 해야 한다. 능력이나 재능에 차이는 있겠지만 이런 기회를 통해서 아이들은 자라게 된다.

자녀들이 자라는 과정에서 부모가 해줄 수 있는 가장 중요한 일은 기다리는 것이다. 믿는 부모들은 기다리면서 하나님께 기도해야 한다. 그리스도인에게 기다림이란 곧 기도하면서 하나님께 기대하는 것이다.

요즈음 기독교인 학부모들은 대체로 자녀는 물론 하나님에 대한 신뢰도 없는 것 같다. 그 대신에 교육을 위한 기회 중 하나에 불과한 사교육을 절대적으로 신뢰하는 것 같다. 거의 맹목적으로 사교육을 신뢰하고 그것에 자녀들을 맡겨버리는 것이다. 그러다보니 사교육은 자녀들이 선택하고 활용하는 기회가 아니라 부모들이 강요하는 짐이 되어버린다. 자녀들에게 그 짐을 지게 하기 위해서 부모들은 재정적인 짐을 질 수밖에 없다. 피차 그렇게 짐을 지고 사니까 항상 초조할 수밖에 없다. 부모들이 자녀들의 변화를 기다려 줄 여유가 없다. "공부하라고 돈 들여서 사교육을 시켰는데 왜 결과가 이 모양이냐"라고 다그치게 된다. 자녀들은 부모에게 끌려오기는 하지만 부모가 자녀들을 제대로 끌어가지 못하는 것, 그게 오늘 우리 교육의 현실이다.

    기독교인 학부모들만이라도 사교육에 두었던 신뢰를 하나님과 자녀들에게로 옮겼으면 좋겠다. 그래서 사교육이 더 이상 자녀에게 주는 짐이 아니라 자녀들이 선택하고 활용할 수 있는 좋은 기회가 되도록 하자. 그러고 나서 하나님께 기도하고 하나님이 그 아이들을 어떻게 성장시키시는지 기다리는 여유를 갖자. 한가한 소리를 한다고 말할 사람들이 있을지 모르겠다. 그러나 믿음이 있다면 그 정도 여유는 누릴 수 있어야 하지 않을까?

대안교육을 찾아서

> 일이 비록 작더라도 하지 않으면 이루지 못하고, 자식이 비록 어질다 해도 가르치지 않으면 슬기롭지 못하게 된다. —장자

성경은 우리가 어떻게 살아야 하는지 분명한 원리를 제공하지만 구체적으로 복잡한 현실 가운데서 이 원리를 적용하는 부분은 우리의 재량에 맡겨놓고 있다. 먼저 생각할 것은 우리의 교육이 지나친 경쟁체계를 유지하고 있고 이러한 경쟁에서 한 줄 세우기를 하려다보니 지식 위주의 매우 어렵고 많은 양의 공부를 아이들에게 요구하고 있다는 것이다. 이 자체가 매우 죄 된 체계이고 우리가 고쳐가야 할 부분이다.

그러기에 우리가 먼저 생각할 수 있는 대안은 공적인 교육체계를 벗어나 홈스쿨링이나 기독교 대안학교를 선택하는 것이다. 대안학교보다 좀 더 모험을 하는 학교가 있다. 바로 홈스쿨링이다.

자녀들을 학교에 보내지 않고 집에서 가르치는 것이다. 몇 년 전만 해도 홈스쿨링 같은 것은 생각할 수도 없었는데 이제는 꽤 많이들 하고 있다. 초기에는 홈스쿨링을 교수들처럼 자녀교육을 하는 데 있어 여건이 좋은 사람들이나 하는 것으로 생각했는데 이제는 평범한 사람들도 많이 하고 있다. 아무튼 대단한 결정이다. 대안학교든 홈스쿨링이든 모두가 부모들이 자녀들의 교육을 위해서 결정한 것이다.

그런 결정을 한 부모들을 높이 평가하면서 그들에게 꼭 하는 질문이 있다. 대안학교든 홈스쿨링이든 자녀들을 제대로 교육하기 위해서 하는 것인데 그것을 지속하기 위해서는 적어도 두 가지 면에서 흔들려서는 안 되기 때문이다. 첫 번째 질문은 "대학을 포기했느냐?"이고, 두 번째 질문은 "주변 사람들의 말을 무시할 수 있겠느냐?"이다. 두 질문에 자신 있게 대답할 수 없다면 굳이 그런 어려운 길을 시작하지 않는 것이 좋을지 모르겠다.

"대학을 포기했느냐?"는 질문은 공격적으로 들릴 수 있다. 그러나 대안학교든 홈스쿨링이든 간에 교육의 목표가 좋은 대학에 있다면 거기서도 진정한 교육을 기대할 수 없다. 결국 나중에는 기존 학교들의 교육을 흉내 내게 되기 마련이다. 그렇다고 대학에 진학하는 것을 부정하는 것은 아니다. 분명한 교육철학을 가지고 아이들을 교육 시킨 결과 어떤 특정한 대학에 보내게 되는 것은 환영할

만한 일이다. 다만 명심할 것은 대학이 교육의 목적이나 목표가 아니라 교육의 결과가 되어야 한다는 것이다. 이것은 그리스도인들에게 아주 중요한 원리이다.

"하나님의 나라와 의를 구하면 모든 것을 더하시리라"^{마 6:33 참고}는 원리는 교육에도 적용된다. 정말 자녀들을 교육할 때 교육에서 하나님의 나라와 의를 구하면 대학이라는 결과는 하나님이 더하여 주실 것이다. 그러나 지금의 문제는 교육이 대학 입시를 위한 도구가 되었고 심지어는 신앙조차 그 목표를 위한 도구가 된 데 있다. 그래서 "대학을 포기했느냐?"는 질문을 던져보는 것이다. 대학을 포기할 수도 있다는 마음자세라면 자녀들을 제대로 교육시킬 준비가 된 것이다.

두 번째 "주변 사람들의 말을 무시할 수 있겠느냐?"는 질문도 좀 강하게 들릴 수 있다. 그러나 자녀들을 제대로 교육시키려면 주변의 말들에 좌우되지 않아야 한다. 지금 우리 사회에서 교육의 방향이나 방법이 주변 사람들에 의해 결정된다고 해도 과장된 말은 아니다. 옆집 아이가 무엇을 하느냐에 따라 내 아이의 교육이 흔들리고 있다.

부모가 자기 자녀를 대안학교에 보내거나 홈스쿨링을 한다는 것은 나름대로 교육에 대한 확고한 의지가 있다는 것을 보여준다. 혹시 그중에는 주변에서 하니까 따라하는 사람들이 있는지 모르겠

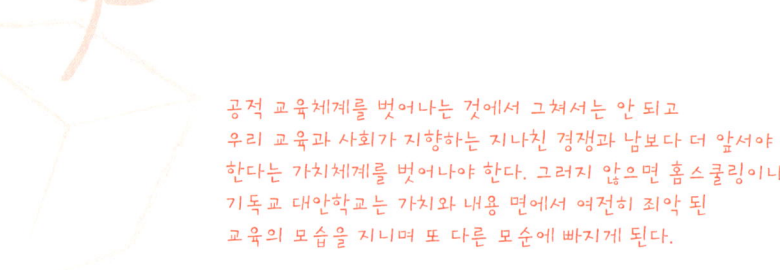

> 공적 교육체계를 벗어나는 것에서 그쳐서는 안 되고
> 우리 교육과 사회가 지향하는 지나친 경쟁과 남보다 더 앞서야
> 한다는 가치체계를 벗어나야 한다. 그러지 않으면 홈스쿨링이나
> 기독교 대안학교는 가치와 내용 면에서 여전히 죄악 된
> 교육의 모습을 지니며 또 다른 모순에 빠지게 된다.

다. 그런 사람들은 오래 갈 수 없다. 대안학교나 홈스쿨링은 이 시대의 새로운 대안으로 각광을 받고 있지만 교육의 형태가 좋은 교육을 보장하지 않는다. 그것은 교육하는 부모나 교사들이 얼마나 성경적인 원리를 지킬 수 있느냐에 따라서 결정된다.

이때 주의할 것은 단지 공적 교육체계를 벗어나는 것에서 그쳐서는 안 되고 우리 교육과 사회가 지향하는 지나친 경쟁과 남보다 더 앞서야 한다는 가치체계를 벗어나야 한다는 것이다. 그러지 않을 경우 홈스쿨링이나 기독교 대안학교는 가치와 내용 면에서 여전히 죄악 된 교육의 모습을 지니며 또 다른 모순에 빠지게 된다. 이러한 가치의 싸움은 부모와 대안학교가 감당해야 할 매우 어려운 영적 싸움이다.

일반 공교육체계에 자녀를 보내는 경우는 삼중의 싸움을 각오해야 한다. 첫째, 현 교육체계 가운데 있지만 자녀에게 말씀과 기도의 경건 훈련, 믿음으로 살아가는 훈련을 최우선시하는 태도를 가져야 한다.

둘째, 공교육체계가 요구하는 경쟁 위주의 남보다 앞서기 위한 가치로부터, 사교육과 이웃집 엄마들이 조성하는 과도한 불안감으로부터 나와 내 자녀를 지키기 위해 싸워야 한다.

셋째, 경쟁과 불안에서 비롯된 선행교육을 하지 않으면서도 동시에 우리 자녀가 최소한 그 학년이 요구하는 교육과정의 내용을 충분히 이해하고 다음 학년으로 진학할 수 있도록 신경 쓰고 아이에게 주어진 은사와 재능을 발견하며 키워주려고 노력해야 한다. 이것은 자녀를 홈스쿨링하거나 기독교 대안학교에 보내는 것 못지 않게 치열한 영적 싸움의 과정이다.

우리는 이 세대 사탄의 가장 강력한 무기 가운데 하나가 교육임을 직시해야 한다. 그러므로 교회는 우선 교육과 관련하여 분별력을 갖도록 부모를 훈련하고 더불어 부모가 감당하지 못하는 아이들을 직접 감당하는 일에 적극 나서야 한다. 그러지 않을 경우 다음 세대의 한국 교회를 보장할 수 없다.

기독학부모운동을 꿈꾸다

> 어떻게 기도하며, 어떻게 일하며, 어떻게 생각하는가를
> 아는 아이는 이미 반은 교육받은 것이다. ―에머슨

한국 교회 안에서 꼭 일어나기 바라는 운동이 있다. 이 운동은 부드러우면서도 강하고 약한 것 같지만 능력이 있다. 이 운동은 가정을 변화시키고 교회를 새롭게 하며 사회를 변혁시킨다. 이 운동은 거창한 구호를 내걸고 시위를 하는 것이 아니라 조용히 무릎 꿇고 기도하며 삶 속에서 성경 말씀을 실천하는 운동이다.

이 운동은 수많은 청소년들을 죽음에서 생명으로 이끄는 운동이며 꿈과 웃음을 잃은 아이들에게 비전과 기쁨을 되찾아주는 운동이다. 이 운동은 우리나라 역대의 어떤 대통령도 성공하지 못한 진정한 교육개혁을 이루는 운동이며 교육 영역에서 하나님의 나라를 이루는 운동이다.

이 운동은 무엇이 진정한 성공인지 다시 생각하고 내 욕망의 빗장을 열고 자녀들을 자유롭게 해준다. 이 운동은 하나님이 원래 가정을 창조하시고 자녀를 선물로 주신 축복을 회복하는 운동이며 삶을 참다운 삶 되게 하는 운동이다.

이 운동은 남을 탓하고 정죄하기 이전에 나 자신을 돌아보며 나부터 회개하고 나부터 실천하는 운동이다. 길이 보이지 않는 것 같은 운동이지만 이 운동이 가는 곳이 곧 길이 되는 운동이다. 바로 기독학부모운동이다.

기독학부모를 바로 세우는 것이 가정교육, 교회교육, 학교교육을 바로 세우는 지름길이다. 교인들이 단지 교회 다니는 부모의 상태에 머무르지 않고 자녀교육에서도 예수님의 뜻대로 실천하도록 그들을 세워야 한다. 한국 교회 교인들이 세속의 방식대로 자녀들을 입시 경쟁과 사교육 시장으로 내모는 것이 아니라 하나님의 방식대로 자녀들을 교육하기로 작정한다면 이 땅의 교육은 변화되기 시작할 것이다. 부모들의 세속적인 교육열이 하나님의 교육열로 전환될 때 교육은 더 이상 고통이 아닌 축복이 된다.

교회마다 기독학부모들의 모임이 시작되어야 한다. 기독학부모 교실이 열리고 우리가 누구인지 성경 말씀 속에서 다시 깨달아야 한다. 교회의 여전도회는 기독학부모 모임으로서 역할을 감당해야 한다. 함께 모여 기독학부모가 누구인지, 그 사명이 무엇인지 배우고, 자녀교육의 아픔들을 나누면서 서로를 위해 기도해야 한다. 이 땅의 교육이 더 이상 고통이 아닌 축복이 될 수 있도록 간구해야 한다.

기독학부모운동은 기도 운동이고 말씀 운동이며 회개 운동이자 신앙회복 운동이다. 작은 시내들이 모여 강이 되고 강이 모여 바다를 이루듯 기독학부모들의 기도가 합쳐지고 실천들이 모일 때 하나님의 교육이 장엄하게 펼쳐질 것이다.

"나에게는 꿈이 있습니다"라고 외쳤던 마틴 루터 킹 목사처럼 새날을 꿈꾸어본다. 기독학부모 한 명 한 명이 세속의 잠에서 깨어나 손에 손을 잡고 죽어가는 이 땅의 교육을 생명의 교육으로 변화시켜나가는 그런 꿈을 꾸어본다.

우리 교육의 희망과 기독교적 대안을 찾아서

1. 자녀교육에 있어서 하나님을 신뢰하고 있는가? 자신의 욕심을 자녀에게 투영하고 있지는 않은가?

   ....
   ....
   ....

2. "여호와를 경외하는 것이 지식의 근본"(잠 1:7)이라는 말씀처럼 하나님은 성경 안에 놀라운 자녀교육의 축복을 예비해두셨다. 그렇다면 성경적으로 자녀를 가르친다는 것은 구체적으로 어떤 의미인지 얘기해보자.

   ....
   ....
   ....

3. 진정한 자녀교육은 하나님과 자녀를 믿는 작은 신뢰에서 출발한다. 혹시 조급한 마음에 자녀교육에 있어 실수한 적은 없는가? 부모가 자녀를 위해 기다려주어야 할 부분은 무엇인지 나누어보자.

   ....
   ....
   ....

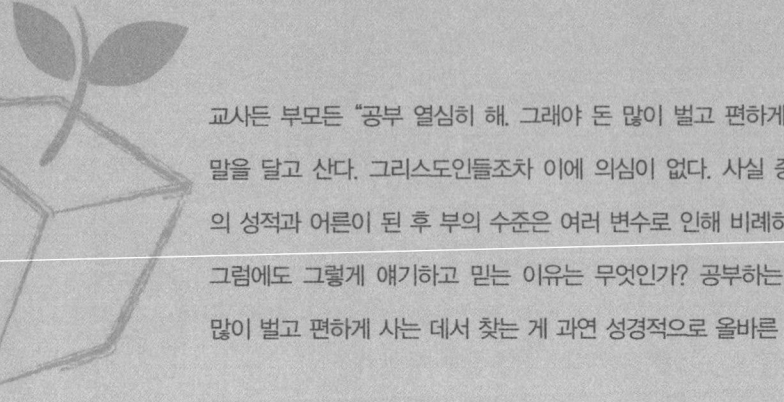

교사든 부모든 "공부 열심히 해. 그래야 돈 많이 벌고 편하게 살지"라는 말을 달고 산다. 그리스도인들조차 이에 의심이 없다. 사실 중고생 시절의 성적과 어른이 된 후 부의 수준은 여러 변수로 인해 비례하지 않는다. 그럼에도 그렇게 얘기하고 믿는 이유는 무엇인가? 공부하는 동기를 돈 많이 벌고 편하게 사는 데서 찾는 게 과연 성경적으로 올바른 일인가?

4장
학교, 돌파구를 찾아라

_ 학부모가 교육의 제1주체

_ 공교육, 어정쩡함을 벗고 교육의 본질을 붙들라

_ 학생과 학부모에게 책임을 져라

_ 공립학교에서는 복음을 말할 수 없는가?

_ 미션스쿨은 어디로 가야 하는가?

_ 기독교 대안학교, 어떤 대안을 제시할 것인가?

학부모가 교육의 제1주체

학교의 문을 여는 것은 감옥의 문을 닫는 것이다. —빅토르 위고

하나님이 처음 교육의 기관으로 지정하신 곳은 가정이고 교육의 주체는 부모였다. 하지만 문명의 발달과 함께 부모의 한계를 뛰어넘는 지식들이 축적되면서 가정교사나 학교가 생기기 시작했다. 초기에 이러한 가정교사나 학교는 귀족층을 중심으로 매우 제한된 계층에만 해당되는 것이었고 대다수의 아이들이 학교교육을 받게 된 것은 근대 이후에 들어서이다.

근대 학교교육과 관련해 주목해볼 만한 사람은 종교개혁의 선구자였던 루터이다. 루터는 중세의 교육이 성직자 양성을 중심으로 하는 수도원 교육이었음을 비판하고 부모의 경제력과 관계없이 모든 아이들이 다닐 수 있는 공립학교를 세워야 한다고 역설했다.

이때 루터가 말한 공립학교는 국가가 모든 재정을 부담한다는 의미에서 공립학교였지만, 교육내용에 있어서는 성경과 하나님이 만드신 세계를 이해하는 교과로서 인문학과 자연과학, 예술을 가르쳐야 한다는 취지였다. 그러니까 공교육과 기독교교육이 결합된 형태였다. 이런 형태는 당시 사회가 기독교 국가였기 때문에 가능했지만 루터의 공립학교에 대한 생각은 독일을 비롯해서 당시 루터교가 지배했던 북유럽 국가에서 교육의 기본을 형성했다.

루터의 공교육 사상은 근대 유럽 공교육의 기본 바탕이 되었지만 이후 공교육은 여러 다른 영향을 받아 루터의 생각과는 다른 방향으로 흐른다. 즉 근대 국가가 형성되면서 국가는 학교를 통해 국가가 원하는 국민을 만들기 원했다. 또 근대 과학의 발달과 함께 유럽이 급격하게 세속화되면서 공교육에서 기독교교육은 점점 배제되었다. 이제 서구의 학교교육 과정은 눈에 보이는 것만 존재한다고 가르치고 사물의 목적과 의미에 대해서는 말하지 않으며 죽음 이후 영원한 세계와 신의 존재에 대해서 부정하는 세속적인 교육과정을 유지하고 있다.

그럼에도 불구하고 기독교적 전통과 특히 루터의 영향 아래에서 형성되었던 서구의 공교육은 목표와 아동관, 학교 운영에 있어서 기독교적 가치가 매우 강하게 뿌리 내리고 있다. 서구의 학교는 하나님이 모든 아이들 가운데 심어주신 각각 다른 은사와 재능을 발견하고 발굴하는 것이 학교의 제일 중요한 교육목표라는 관점에서 교육체제와 교육내용이 구성되어 있다. 그리고 학부모가 교육의 제1주체라는 입장에서 학부모의 학교 참여와 자치가 매우 잘 반영되어 있다.

서구의 근대교육이 한국에 들어왔을 때 세속화된 교육과정은 '과학' 혹은 '신학문'의 이름으로 그대로 수용되었지만 교육적 가치와 철학, 아동관은 출세지향적이고 현세 중심의 유교적 가치로 대체되었다. 즉 교육은 일정한 지식을 배운 후 이를 바탕으로 과거시험을 봐서 출세하고 입신양명하는 수단이라는 것이다. 그래서 학교교육이란 시험을 통해 줄을 세우고 상급학교나 선호하는 직업을 향해 일정 학생을 선발하고 배제하는 수단이라고 생각했다. 더군다나 조선의 몰락과 일제시대를 거치면서 전통적인 신분제도가 무너진 상황에서 학교교육을 보다 많이 받은 사람들이 새로운 상류층을 형성하는, 이른바 '개천에서 용 나는' 신화를 통해 교육의 본질을 은사와 재능의 발견이 아닌 출세를 위한 수단으로 여기는 풍조가 더욱 굳어졌다.

여기에다 학교의 운영과 체제는 일제시대를 거치면서 국가 중심의 중앙집권적인 틀의 영향 아래에 형성되었다. 그러다보니 모든 학교가 학생과 학부모를 바라보며 이들을 섬기는 구조가 아니라 교육부와 교육청을 바라보고 그들을 섬기는 구조로 고착되었다. 그 때문에 학부모가 교육의 제1주체라는 교육 원리가 제대로 자리를 잡지 못했다.

이렇게 우리나라 학교는 교육에서 가치를 배제하고 하나님과 영원한 세계에 대한 이야기는 그것이 비진리이기 때문이 아니라 단지 종교적이라는 이유로 배제해버리는 근대 서구 교육의 모순 위에서 교육을 단지 출세의 도구로만 여기는 입시 위주의 교육, 그리고 교육 주체의 자발적 참여가 아닌 경직된 관료적 지배체제가 억누르는 모순을 덧입은 기형적인 모습을 갖추게 되었다.

서구 교육들이 매 학년 아이들이 도달해야 될 절대적인 기준을 정해놓고 대부분의 아이들로 하여금 거기에 도달하게 하는 데 목표를 두고 교육하는 반면, 우리의 학교는 모든 아이들을 한 줄로 세우는 교육을 하고 있다. 즉 부모와 교사는 아이들이 '몇 등'을 했느냐에 관심을 갖고, 아이들은 남들보다 좀 더 앞서기 위해 끊임없이 노력하며 뒤처질까 봐 불안해하는 생활을 한다. 그러다보니 아이들은 과도한 교육 노동으로, 학부모들은 지나친 사교육비 지출로 내몰리고 있다.

공교육, 어정쩡함을 벗고
교육의 본질을 붙들라

> 받은 교육에 따라서 인간이 달라지는 것이지
> 본래 인간에게 종류가 있는 것은 아니다. ─논어

흔히 공교육의 질에 대해 걱정하는 사람 가운데 학교가 학원보다 경쟁력이 떨어진다는 이야기를 하는 이들이 있다. 이것이 교사 집단이 공무원 조직으로서 가지고 있는 안일함과 경쟁력 약화를 지적하고 있다면 상당히 일리가 있는 말이고 학교가 수용해야 할 부분이 많다.

하지만 학교의 경쟁력을 학원과 비교하여 문제풀이식 입시 대비를 얼마나 잘 해주느냐의 여부를 놓고 이야기한다면 문제의 본질을 잘못 짚은 것이고 학교의 입장에서는 억울한 부분이 많다. 사실 우리 교육이 갖고 있는 가장 본질적인 문제 중 하나가 학교교육이 추구하는 교육목표와 입시 현실과의 괴리이다.

학교교육은 '21세기를 대비하는 도덕적이고 창의적인 인재 육성'을 교육의 목표로 내걸고 있다. 각 교과의 원래 교육목표도 그 교과를 통해 자신과 세상을 제대로 바라보는 안목을 갖추며 이를 바탕으로 폭 넓은 사고와 창의성을 키우는 것을 요구하고 있다. 하지만 실제 입시는 수능이든 내신이든 객관화된 문제를 잘 푸는 학생을 요구하고 있어 괴리가 있다.

그러기 때문에 학교에서 열심히 하려는 교사들은 교육과 교과가 추구하는 목표와 객관화된 시험 문제풀이 교육 사이에서 늘 고심을 한다. 이 두 가지를 완전히 분리할 수는 없지만 단기간에 남들보다 앞선 결과를 내야 하는 입시 구조 속에서 도대체 어디에 방점을 두고 가르쳐야 할지 몰라 고민하다가 시간이 지날수록 손쉬운 문제풀이식으로 흐르는 경우가 많다.

하지만 학원의 목표는 아주 분명하다. 다른 고민을 할 필요없이 입시를 대비한 문제풀이 교육에만 전념한다. 아니 이를 위해 목숨을 건다. 심지어 학원의 번창을 위해 현행 제도에 약간의 허점만 보이면 그 부분을 파고들어 입시 경쟁에 대한 공포를 조장하여 더 많은 이들을 사교육장으로 끌어들인다. 그렇기 때문에 이 부분에 있어서 학교가 학원을 따라갈 수 없는 것은 분명하다.

학교가 가지고 있는 이러한 어정쩡함과 학원이 가지는 문제풀이식 입시 교육에의 전념은 이 두 가지 교육을 동시에 받고 있는

> '가르침과 배움'이라는 좁은 의미의 교육은 학교의
> 본질이고 우리가 소중하게 지켜야 할 가치이다. 하지만 학교의
> 본질적인 가치를 제대로 실현하기 위해서라도 우리는 아이들에게
> 질 높은 음식을 먹이고, 가정과 사회에서 일어나는 각종
> 폭력과 상처로부터 그들을 보호하며, 그들의 정서와 심리,
> 문화에 세밀한 관심을 가져야 한다.

아이들의 삶 가운데 그대로 투영된다. 그래서 아이들도 학교와 학원 사이를 오가며 그 미묘한 갈등 속에서 혼란을 겪는다. 현실적으로 점수를 올리는 데는 학원 공부가 도움이 되지만 학교의 교육을 무시할 수 없는 상황 속에서 자기도 어찌해야 할지 모르는 것이다.

학교가 갖는 이러한 어정쩡함 때문에 아이들이 학교와 학원 사이를 이동하며 시간과 에너지를 낭비하고 있다. 이 문제를 해결하려면 무엇보다 대학 입시가 학교의 본래 교육목표인 각 교과를 통해 세상을 보는 안목과 사고력을 얼마나 잘 갖추었는지, 그리고 비교과 영역에서 얼마나 전인적 성장을 추구했는지 평가하는 방향으로 가야 한다. 그래야 문제풀이 중심의 학원교육이 설 땅이 없어지고, 아이들도 학교와 학원 사이를 어정쩡하게 오가는 대신에 온전한 성장이 있는 배움의 자리로 나아가게 될 것이다.

학교가 회복해야 될 또 하나의 가치는 '돌봄'이다. 학교는 교육

을 하는 곳이지만 이 교육은 지식의 전수만 의미하지 않고 아이에 대한 총제적인 돌봄을 포함한다. 물론 '가르침과 배움'이라는 좁은 의미의 교육이 학교의 본질이라는 것은 아무도 부인할 수 없고 우리가 소중하게 지켜야 할 가치이다. 하지만 인간의 총체성을 생각할 때 '가르침과 배움'이라는 학교의 본질적인 가치를 제대로 실현하기 위해서라도 아이들에게 질 높은 음식을 먹이고, 가정과 사회에서 일어나는 각종 폭력과 상처로부터 그들을 보호하며, 그들의 정서와 심리, 문화에 세밀한 관심을 가져야 한다.

이를 위해 학교는 '가르침' 못지않게 '돌봄'을 학교의 중요한 사명으로 추가할 필요가 있다. 학교는 성적과 진학이라는 좁은 틀에서 벗어나 아이들의 육체적, 정신적, 영적 건강한 삶이라는 틀 가운데서 학교와 교육과정을 재조정하고 이를 위해 차츰 인력을 배치해야 한다. 그리고 학교의 문을 활짝 열어서 정규 수업이 끝난 후에는 방과후학교이든 돌봄교실의 형태이든 가정의 역할을 감당하는 방향으로 나가야 한다.

학생과 학부모에게
책임을 져라

> 학교는 생각을 도구로 하는 공장이나 정보를 취득하고 교환하는 장소가 아니라 더불어 사는 사회적 유기체가 되어야 한다. ―린너

얼마 전 좋은교사운동에 속한 교사들이 모여서 "우리가 학교를 세운다면 어떤 학교를 만들 것인가?" 하는 주제로 열띤 토론을 벌였다. 토론 후 나온 결과는 '친절한 학교'였다. 이 말은 현재 우리의 학교가 '불친절' 하다는 사실을 단적으로 보여준다. 여기서 말하는 '불친절함'은 예의나 도덕적 차원의 불친절함이 아니다. 오히려 그것은 현재 우리 학교가 학생과 학부모를 위하지 않고 있으며 학생과 학부모에게 책임을 지는 구조가 아니라는 것이다.

현재 우리의 학교는 '교육' 중심이 아닌 철저하게 교육 '행정' 중심의 체계를 형성하고 있다. 학교가 교육 '행정' 중심 체제라는 것은 학교에서 일어나는 모든 교육활동이 그 자체로 교육적 목적

과 논리에 근거해서 완결 구조로 이루어지는 것이 아니라 교육 '행정' 체제의 지시와 통제, 평가에 종속되어 그 속에서 걸러진 형태로 의미를 갖게 된다는 뜻이다. 교사와 학생 사이의 교육적 상호작용을 통해 학생과 학부모에게 책임지기보다는 교육청의 지시를 잘 수행하고 관료적 통제 양식에 맞추어 보고하는 것을 우선시하는 구조라는 것이다.

지금도 학교는 형식적으로는 교육이 주된 활동이고 행정은 이를 돕는 수단으로 설정되어 있지만 실제로 학교 운영에서는 주객이 전도되어 있음을 누구나 느낀다. 실제로 우리 학교 가운데서 학생과 학부모들에게 칭찬과 인정을 받지만 교장과 교육청에 인정을 받지 못하는 교사가 매우 많고 그 반대의 경우도 많다. 학교나 학교장의 경우에도 교육청의 요구와 지시를 얼마나 잘 따랐느냐를 기준으로 평가된다. 그러니 학교와 교사가 학생과 학부모에게 친절할 수 없고 학교가 바뀔 수 없는 것이다.

학교가 '불친절' 한 틀을 벗고 학생과 학부모를 바라보며 그들에게 책임지는 구조가 되기 위해서는 교육청 틀에 잘 맞춘 교사가 좋은 점수를 받아 교장이 되는 구조를 먼저 바꾸어야 한다. 학교 교장이 되기를 원하는 사람이 자신의 학교경영 계획을 발표하면 그것에 대해 학부모와 교사 대표들이 교장을 선택하고 일정 기간이 지나서 평가하는 체제를 도입해야 한다. 그래야 학교장이 교육청을 바라보지 않고 학부모를 바라보게 된다. 교사들도 학생과 학부모의 교육 만족도를 높이는 데 온 힘을 쏟을 것이다.

학교는 또한 학생의 학력에 대해 철저하게 책임을 져야 한다. 학생들이 아무리 선행학습을 해오고 사교육이 범람해도 학교는 그 중심을 지켜야 한다. 그래야 선행 사교육을 받지 않고 학교에 오는 다른 아이들이 피해를 입지 않게 된다. 학교의 권위도 살아난다. 대신 그 학년에서 배워야 할 교육과정에 대해서는 학교가 철저하게 책임을 져야 한다. 수업 시간에 교과내용을 다 이해하지 못한 아이가 있을 경우 학교는 별도의 교사를 투입해서라도 보완교육을 통해 완전히 이해시켜서 다음 수업을 받게 하고, 또 다음 학년으로 올려 보내야 한다.

세계적으로 공교육이 제일 발달되었다고 평가를 받는 핀란드의 경우, 초등학교와 중학교의 경우 한 학급당 20명 정도의 학생을 유지하는 가운데 교사가 2명씩 배치된다. 거기다가 한 학년에 1명의 학습부진 담당 교사가 있어 각 수업에서 뒤처지는 학생을 별도로 모아 바로바로 지도해준다. 장애인, 외국인 등에 대해서는 일대일 교사를 붙여서라도 책임을 진다.

이렇게 공교육에 많은 교사를 투입해 모든 아이들을 세밀하게 지도하다보니 핀란드는 PISA 평가 전 영역에서 1위를 유지하고 사교육이 전혀 없으며 공교육만으로 모든 국민의 교육적 수요를 만족시켜주는 최고의 체계를 유지하고 있다.

우리는 공교육의 질이 낮다고 비판하고 국민 각자가 사교육을 통해 교육적 수요를 채우는, 낭비가 매우 심한 시스템을 유지하고 있다. 현재 사교육에 종사하고 있는 많은 인력들을 공교육 교사로 선발해서 공교육이 모든 아이들의 학력을 완벽하게 책임져주는 구조를 만들고, 여기에 소용되는 경비는 현재 국민들이 사교육에 투자하고 있는 비용의 일부를 세금으로 걷어 충당하는 방향으로 나아가야 한다.

자녀가 공부를 못하면 부모가 죄인이 되는 것이 우리의 상황이다. 하지만 최소한 의무교육 체계 속에 있는 중학교까지는 아이가 공부를 못하는 것이 부모나 본인의 책임이 아닌 국가와 학교의 책임이라는 의식이 분명해져야 한다. 국가와 학교가 단지 학생의 수업료를 받지 않는다는 차원에서 의무교육을 다했다고 생각하면 안 된다. 학습에 필요한 모든 것을 학교가 제공할 뿐 아니라 학습의 결과까지 책임지는 구조로 나아가야 한다. 이러한 것이 현재 교육 선진국이라고 불리는 북유럽 국가들이 실행하고 있는 시스템이고, 우리의 공교육이 나아가야 할 방향이다.

공립학교에서는 복음을 말할 수 없는가?

교육은 많은 책을 필요로 하고
지혜는 많은 시간을 필요로 한다. —톨스토이

흔히 우리가 살아가는 현대 사회를 다원주의 사회라고 말한다. 즉 다양한 가치관과 종교, 문화적 배경을 가지고 살아가는 사람들을 존중하고, 그들에게 특별한 가치관이나 종교, 문화를 강요해서는 안 된다는 원칙에 모두가 동의하고 있다.

이러한 다원주의 사회의 원칙을 공교육에서는 '종교중립' 혹은 '가치중립'이라는 말로 표현한다. 그래서 우리나라 교육기본법에는 "국가와 지방자치단체가 설립한 학교에서는 특정한 종교교육을 하여서는 아니 된다", "교육은 정치적, 파당적 또는 개인적 편견을 전파하기 위한 방편으로 이용되어서는 아니 된다"라고 명시되어 있다.

하지만 교육 현실 가운데서 '가치중립'과 '종교중립'을 어떻게 적용할 것인가는 그리 간단한 문제가 아니다. 실제로 공교육 현장에서 기독교사가 "하나님은 살아 계시다"라는 이야기를 하면 '종교중립'을 근거로 제재를 당하지만, 신앙이 없는 교사가 "하나님은 없다"라는 무신론을 전파하면 아무런 제재를 당하지 않는다. '종교중립'이라는 공교육의 가치가 기독교에 대해서만 편파적으로 적용되고 '무신론'이라는 또 다른 종교에 대해서는 지극히 관용적이라는 것이다.

공교육의 교육과정은 "눈에 보이는 사실과 실험으로 증명된 내용만 가르쳐야 하고 눈에 보이지 않는 존재나 사물의 의미와 목적에 대해서는 가르쳐서는 안 된다"라는 기준으로 편성되어 있다. 이 또한 엄청난 왜곡이며 '가치중립'에 어긋나는 것이다. "눈에 보이는 것만 존재하는 것이고 사물의 목적과 의미는 없다"는 것은 자연주의라는 또 다른 가치이기 때문이다.

그러기에 공교육이 '종교중립'과 '가치중립'이라는 다원주의 사회의 가치를 제대로 실현하려면 "하나님은 없다"라는 무신론의 주장 못지않게 "하나님은 살아 계시다"라는 기독교의 주장도 동등하게 가르칠 수 있게 해야 한다. 다만 그 제시 방법을 강압이 아닌 교육적으로 하고 선택은 학생들에게 맡기면 된다.

"눈에 보이는 것만 존재한다"는 자연주의적 가치관 외에도 "이

교과서 지식의 한계에 갇히지 말고 아이들을 창조세계의
아름다움과 진리의 오묘함으로 이끌기 위해 노력해야 한다.
인간의 지식과 물질 세계로는 제대로 설명할 수 없는
영역이 있음을 얘기해야 한다. 세상과 지식을 설명하는 여러 관점
중 하나로 기독교적 관점에 대해 얘기할 수 있어야 한다.

세상은 하나님이 만들었고 만물과 역사에는 하나님의 뜻이 있다"는 기독교적 가치관도 함께 가르칠 수 있도록 해야 한다. 물론 기독교적 가치관 외에도 불교나 유교, 힌두교의 가치관도 가르칠 수 있다. 다만 이를 최대한 교육적으로 제시하고 아이들의 선택을 존중하면 된다.

오늘날 우리 사회와 학교는 공교육에서 종교중립을 지나치게 강조하다보니 인류의 매우 소중한 유산인 종교적 가치를 학교교육의 영역에서 배제하거나 매우 기형적인 방법으로 적용하는 오류를 범하고 있다.

종교의 교리와 가치는 아이들에게 가르쳐서는 안 되는 악의 영역이 결코 아니다. 오히려 눈에 보이지 않는 초월적 가치를 알게 하고 내세의 삶에 비추어 현세의 삶을 절제하게 만드는 매우 소중한 도덕 교육의 영역이고, 또한 모든 인류 문화의 정신적 뿌리라는

차원에서 적극적으로 가르쳐야 할 영역이다. 그러기 때문에 공교육 속에서도 종교를 정식 교육과정에 포함시켜 학교에서 종교를 배우기를 원하는 아이들에게는 배울 수 있는 기회를 주어야 한다. 이뿐 아니라 아이들이 학교에서 마음껏 종교 활동을 할 수 있는 종교의 자유를 누릴 수 있게 해주어야 한다. 이것은 계발 활동이나 동아리의 형태로 장려되어야 한다.

이뿐 아니라 기독교인은 다원주의 사회 가운데 존재하는 공교육이 다원주의의 가치관인 '종교중립'과 '가치중립'을 제대로 지키지 않고 '무신론'과 '자연주의'에 치우친 현실을 날카롭게 지적하고 시정을 요구해야 한다.

예를 들어 도덕 교과에는 '제사'가 전통이라는 이름 하에 죽은 조상에 대한 유일한 의식으로 소개되고 있다. 하지만 이 부분과 관련해서는 과연 제사가 죽은 조상에 대한 예의가 될 수 있는지 반성적으로 토의할 수 있는 내용이 포함되고 기독교의 추도예배 등 타 종교의 의식도 함께 소개되어야 한다. 과학 교과서에서는 생물학적 진화만을 소개하고 있는데 창조론에 바탕을 둔 인류 기원에 대한 설명도 함께 제시되어야 한다.

이 부분과 관련하여 기독교사의 역할이 매우 중요하다. 기독교사가 비록 수업시간에 직접적으로 하나님을 이야기할 수 없다 하더라도 자신이 가르치는 교과 내용과 관련해 교과서에 담긴 지식의 한계 내에 갇히지 말고 아이들을 창조세계의 아름다움과 진리의 오묘함 속으로 이끌어가기 위해 노력해야 한다. 인간의 지식과 물질 세계로는 제대로 다 설명할 수 없는 영역이 있음도 이야기해줄 수 있어야 한다. 이 세상과 지식을 설명하는 여러 관점이 있음을 설명하면서 그 가운데 하나의 관점으로서 기독교적 관점에 대해서도 이야기해줄 필요가 있다.

이러한 수업을 듣고 영원과 진리의 근원에 대해 궁금증을 느끼는 아이들을 대상으로 방과 후나 점심시간을 활용해 하나님의 말씀을 직접 가르치고 나누는 시간을 가질 수 있다. 이는 교육과 무관한 종교 활동을 학교의 영역에 끌어들이는 것이 아니라 교사가 당연히 감당해야 할 교육의 한 부분이며 연장선의 활동이라고 할 수 있다.

미션스쿨은
어디로 가야 하는가?

> 천국을 바라보는 자는 손에는 진리의 말씀을, 입술에는 진리의 법을 붙들고 언제나 사람들 가운데 서 있다. ―존 번연

미션스쿨은 한국에 복음을 전파했던 선교사들이 가장 핵심적으로 사용했던 선교의 도구였다. 연세, 이화, 배재, 숭실 등의 학교들이 1세대 선교사들에 의해 시작되었고 이후 많은 선교사들이 전국 각지에 학교를 설립했다. 선교사들이 설립한 미션스쿨을 빼놓고는 근대 한국의 교육사를 설명할 수 없을 정도로 미션스쿨이 우리나라 교육에 미친 영향은 지대하다.

미션스쿨이 우리나라 근대교육의 대부분을 차지한 결과 우리나라 기독교인의 수는 전체 인구 가운데서 차지하는 비율에 비해 교육을 받은 엘리트와 사회지도층에서 더 다수를 차지했다. 조선 말기와 일제시대에 한국의 독립을 위해 헌신했던 지도자들 중에서

기독교인이 다수를 차지한 것도 모두 미션스쿨의 영향이라고 할 수 있다. 이러한 현상은 당연히 해방 이후에도 이어졌고, 해방 이후 한국 기독교가 급성장을 한 데에도 미션스쿨을 통한 사회 지도층의 양성이 매우 큰 영향을 미쳤다. 너무나도 유명한 순교자 주기철 목사, 청십자운동을 통해 참된 의사의 본을 보여준 장기려 박사, 템플턴 상을 받은 한경직 목사 등은 모두 기독교학교를 졸업했다. 특히 남강 이승훈 선생이 설립했고 후에 고당 조만식 선생이 교장으로 봉직한 오산학교에서 많은 민족 지도자들이 배출되었다.

하지만 해방 후 우리나라 교육은 양적으로 급성장했을 뿐 아니라 학교교육을 통한 신분 상승의 신화가 교육을 지배하기 시작했다. 학교교육이 신분 상승의 중요한 통로로 자리 잡으면서 명문 상급학교로 진학하려는 열기가 과열되어 나라 전체가 몸살을 앓는다. 신체적으로 한창 왕성해야 할 초등학생, 중학생까지 명문학교 진학을 위한 공부에 매달리고, 어린 학생들이 이류, 삼류 학교 재학이라는 열등감을 안아야 하는 등 큰 중병을 앓게 되었다.

이러한 교육 중병을 치유하기 위해서 1969년부터 중학교 평준화가 실시되었고, 1974년부터는 대도시를 중심으로 고등학교 평준화 정책이 실시되었다. 이러한 평준화 정책은 대다수 국민들에게 큰 환영을 받았으나 미션스쿨에는 심각한 위기가 되었다. 미션스쿨이 학생 선발권과 교육과정 운영권을 빼앗기게 된 것이다. 이에 대해 미션스쿨은 극렬하게 저항을 했으나 당시 강압적인 군사 정부의 힘에 굴복할 수밖에 없었다. 동시에 평준화를 계기로 사립학교에도 공립학교와 같은 수준으로 정부 보조금이 지급되었고 미션스쿨이 이러한 지원금에 안주한 측면도 있다.

평준화 이후 미션스쿨들은 학생 선발권과 교육과정 자율권을 상실한 가운데 채플 운영과 성경수업 등을 통해 미션스쿨의 명맥을 유지해왔으나 2004년 대광고등학교 강의석 사건 이후 이 부분마저도 위협을 당하고 있는 상황이다. 거기다가 대도시 지역에서 자율형 사립고의 확대와 고교 선택제의 확대로 인해 학생과 학부모에게 선택을 받지 못하면 학교가 존속하기 힘든 상황도 미션스쿨이 넘어야 할 과제로 다가오고 있다. 이러한 어려운 현실 가운데서 미션스쿨은 어떻게 대응해야 할 것인가?

미션스쿨은 일주일에 한두 시간에 불과한 예배와 성경시간에만 선교를 국한하지 말고 모든 수업 시간과 모든 교육 활동, 그리고 모든 교사들에게로 선교의 범위를 확대해나가야 한다. 물론 이것은 더욱 어려운 일이다. 하지만 불가능한 일도 아니다.

실제로 의식 있는 기독교사들이 기독교 세계관에 바탕을 두고 자신의 수업을 재구성하고, 상담과 학급 활동을 통해 학생들에게 복음을 전하는 노력을 하고 있다. 교사들의 이러한 자발적 노력들을 격려하고 연수를 통해 교사의 능력을 강화하며 학교 차원에서

> 입시를 소홀히 하면 학부모의 선택을 받을 수
> 없다거나 예배와 성경 수업에 선택권을 주면 학생들이
> 아무도 이를 선택하지 않을 것이라는 두려움에서 벗어나야 한다.
> 오히려 우리가 과연 입시나 학부모의 선택보다 하나님을
> 더 두려워하고 있는지, 눈에 보이는 선교 실적보다
> 아이들의 진정한 변화에 더 집중하고 있는지 돌아봐야 한다.

이 부분에 초점을 맞추어가야 한다.

미션스쿨은 입시를 소홀히 하면 학부모의 선택을 받을 수 없다거나 예배와 성경 수업에 선택권을 주면 학생들이 아무도 이를 선택하지 않을 것이라는 두려움에서 벗어나야 한다. 오히려 우리가 과연 입시나 학부모의 선택보다 하나님을 더 두려워하고 있는지, 눈에 보이는 선교 실적보다 아이들의 진정한 변화에 더 집중하고 있는지 돌아봐야 한다. 그래야 위기를 뚫고 나갈 수 있는 새로운 기회를 만들 수 있다.

뿐만 아니라 미션스쿨은 재정적으로 투명한 학교 운영과 학생의 인격과 소질, 적성을 존중하는 교육과정 운영 등을 통해 기독교 정신의 본질을 드러내기에 힘써야 한다. 미션스쿨이 추구하는 기독교 선교는 예배나 성경공부를 통해서만 이뤄지는 것은 아니다. 교육에서도 잠재적 교육과정이 중요하듯 미션스쿨에 재학하는 비

기독교인 학생들은 미션스쿨이 갖는 투명성과 인간에 대한 존중, 교사의 인격 등을 통해 기독교에 대한 좋은 이미지를 가지고 나아가 복음을 받아들이게 될 것이다.

이와 더불어 한국 교회는 교인들의 자녀들이 미션스쿨에서 기독교교육을 받을 수 있도록 '미션스쿨에 자녀 보내기 운동'을 펼쳐야 한다. 미션스쿨이 인근의 다른 학교에 비해 부족한 면이 있다 할지라도 자녀가 학교에서 복음을 듣고 기독교의 영향을 받는다는 사실 하나만 가지고도 그곳을 선택할 가치가 있지 않겠는가? 그리스도인 학부모들이 자녀의 신앙교육을 학교 선택 기준의 1순위로 생각하며 자녀를 미션스쿨에 보내고, 또 학교에서 대해서도 신앙교육을 강화할 것을 요구할 때 미션스쿨은 설립 당시 가지고 있던 본래의 사명을 감당해갈 것이다.

미션스쿨에 대한 경제적인 지원도 반드시 필요하다. 미션스쿨이 국가의 재정 지원에만 의존한다면 '복음 전파와 기독교교육'이라는 학교의 고유한 설립 이념을 힘 있게 추진할 수 없다. 교회가 미션스쿨에 관심을 갖고 재정적 지원을 해나갈 때 미션스쿨이 어려운 우리 교육의 현장 속에서 교육의 본질을 드러내며 참교육을 회복하는 모습을 보여주게 될 것이다.

기독교 대안학교, 어떤 대안을 제시할 것인가?

> 내가 바라는 것이 있다면, 내가 있음으로 해서
> 이 세상이 더 좋아졌음을 보는 것이다. —링컨

지난 10여 년 동안 다양한 형태의 기독교 대안학교들이 많이 설립되었다. 많은 교회에서도 기독교 대안학교 설립을 준비하고 있다. 하지만 기독교 대안학교는 자신을 향해서 끊임없이 기독교 대안학교의 존재 이유에 대해서 물어야 한다. 존재 이유에 대한 설명은 기독교 내부를 향한 정당성(하나님의 자녀를 하나님의 진리로 키워야 한다)뿐 아니라 기독교 밖, 즉 일반 교육계와 국민을 향한 정당성도 갖고 있어야 한다. 기독교 대안학교가 일반 교육계와 국민들이 수긍할 수 있는 정당성을 갖지 못한다면 일반 국민들의 눈에 기독교 귀족학교로 밖에 보이지 않을 것이다.

기독교 대안학교가 일반 교육계와 국민들에게 정당한 인정을 받기 위해서는 우리 교육이 안고 있는 모순, 그렇지만 공교육은 도무지 해결하지 못하고 있는 모순들에 대해 대안을 가지고 있어야 할 것이다.

그렇다면 우리 교육이 갖고 있는 모순의 핵심은 무엇인가? 그것은 "정해진 교과 지식에 대한 단순 반복 학습과 5지선다형 문제풀이 평가에 의한 한 줄 세우기 교육"이다.

그러므로 기독교 대안학교는 암기 위주의 문제풀이 교육이 아니라 자율과 창의성을 길러주는 교육, 지식을 학습하는 것이 아니라 만들고 의사소통하고 감성을 사용하는 등의 남다른 부분에 대한 은사를 발굴하여 길러주는 교육, 공부에 대한 동기부여가 늦은 아이들을 충분히 기다려주고 다양한 방식으로 동기부여를 해주는 교육 체제를 가지고 있어야 한다. 그래야 일반 교육계와 사회도 기독교 대안학교를 진정한 '대안' 학교로 인정해줄 것이다.

현재 존재하거나 설립을 준비하고 있는 기독교 대안학교들을 보면 우리 교육의 빈 곳을 채우는 진정한 의미의 '대안' 학교도 제법 있지만, 오히려 일반 공교육보다 더 노골적으로 입시와 경쟁, 출세를 지향하는 학교들도 적지 않다. '기독교적 인재'를 이야기하면서 실제로는 영어 몰입 교육, 미국 대학 진학을 위한 교육을 함으로써 우리 교육의 모순을 치유하는 것이 아니라 더 심화시키는 학교도 있다.

교회는 세상을 분별할 수 있어야 하고 세상의 가치관을 거스르며 세상의 잘못된 구조를 고치고 치유하는 방향으로 학교를 세우는 일을 해야 한다. 이런 의미에서 기독교 대안학교를 운영하거나 설립을 준비하고 있는 주체들은 우리나라 교육이 가지고 있는 모순의 핵심과 현재 교육체제 아래에서 고통당하고 아파하는 아이들과 국민들의 마음을 잘 살필 필요가 있다. 그리하여 기독교계뿐 아니라 일반 교육계에서도 인정하고 본받고 싶어 하는 학교가 될 수 있도록 끊임없이 노력해야 한다.

우리 교육의 희망과 기독교적 대안을 찾아서

1. 학교란 무엇인가? 오늘날 학교가 존재하는 이유와 잃어버린 가치, 회복해야 할 가치가 무엇인지 나누어보자.

   ....
   ....
   ....

2. 다원주의 사회의 학교에서 종교를 중립적으로 가르치는 것은 가능한 일인가? 학교에서 아이들을 기독교적으로 가르치기 위해 어떤 노력을 할 수 있는지 얘기해보자.

   ....
   ....
   ....

3. 기독교 대안학교이면서 오히려 더 노골적으로 입시, 경쟁, 출세를 내세우는 학교가 많아지고 있다. 오늘날 기독교 대안학교가 지양해야 할 문제는 무엇이며, 우리가 꿈꾸는 기독교 대안학교란 무엇인지 얘기해보자.

   ....
   ....
   ....

우리가 제시하는 내용이나 관점에 부족한 점도 있을 것이다. 하지만 그동안 우리가 교육과 관련해 옳다고 믿고 있는 사실들에 대해 한번 의심하고 성경적인 관점으로 비춰보는 계기가 되어줄 것이다. 부족하나마 이 책이 우리 시대의 거짓된 교육 신화들을 부수고, 교육에 대한 불안을 해소하며, 진리에서 비롯된 자유와 평안을 선물하는 도구로 사용되기를 소망한다.

5장
교사, 희망을 심어라

_ 교직의 인기, 그 빛과 그림자
_ 교사를 움직이는 지렛대는 무엇인가?
_ 기독교사는 우리 교육의 대안이 될 수 있는가?
_ 기독교사운동을 향한 일반 교육계의 탄식
_ 공교육에서 기독교사운동이 어떻게 가능한가?
_ 기독교사 공동체가 희망이다

교직의 인기,
그 빛과 그림자

교육의 질은 교사의 질을 넘지 못한다. —존 듀이

매해 새로운 학년을 준비하는 3월을 앞두고 모든 가정의 공통된 기도제목은 좋은 선생님을 만나게 해달라는 것이다. 비록 우리나라 교육이 입시 위주의 교육으로 인해 지극히 비인간적인 무한경쟁으로 치닫고 있는 현실은 학부모 개인이 어떻게 할 수 없다 하더라도, 정말 인격적이고 사랑이 풍부하며 잘 가르치는 선생님을 만난다면 아이가 어느 정도는 숨을 쉬며 성장할 수 있지 않을까 하는 기대를 갖게 되기 때문이다.

사실 우리 교육이 가진 억압적 구조가 아무리 심각해도 이 모든 구조의 억압은 결국 교사를 통해서 아이에게 전달된다. 어떤 교사는 우리 교육의 억압적 구조를 아무 비판 없이 아이에게 그대로 전달하거나 자신의 무기라도 되는 듯 휘두른다. 하지만 어떤 교사는 우리 교육이 아이에게 주는 구조적 모순을 자신의 온몸으로 막아서고 억압을 자신의 인격으로 거르고 소화시켜 아이에게 최대한 부드러운 것으로 전달되게 한다. 그 과정에서 자신은 엄청난 고통을 당해야 하지만 아이는 교사의 보호를 받으며 억압적인 구조 아래에서도 살아내는 힘을 기르며 성장한다.

우리의 교육 구조 가운데서 교사 개인이 할 수 있는 일은 많지 않지만 그렇다고 해서 교사의 역할을 결코 작게 볼 수 없다. 오히려 교육 구조의 문제가 클수록 교사의 역할은 더 커진다. 그러기에 우리 교육에서 교사에게 거는 국민과 학부모의 기대는 점점 더 커지고 있고, 이러한 역할을 제대로 해주지 못하는 교사에 대한 불신과 반감도 비례해서 커지고 있는 상황이다.

오늘날 교사는 최고의 인기 직종이다. 중고생들을 대상으로 장래 희망 직종을 조사해보면 교사가 2위와 월등한 격차를 벌이며 1위를 차지한다. 미혼 청년들을 대상으로 배우자 희망 직종을 조사해 봐도 교사가 1-2위를 차지하는 것을 볼 수 있다.

이러한 현상은 극히 최근에 나타났다. 불과 20년 전만 하더라도 교사는 박봉의 상징이었다. 그래서 교대나 사대의 경우 학비를 면제해주거나 아주 낮은 수준을 유지해 가난한 학생들을 유치하려고 했다. 이 과정을 거쳐 교사가 된 사람들은 최소한 몇 년간은 다른

> 입시 위주의 교육으로 인해 지극히 비인간적인
> 무한경쟁으로 치닫고 있는 현실은 학부모 개인이 어떻게
> 할 수 없다 하더라도, 정말 인격적이고 사랑이 풍부하며
> 잘 가르치는 선생님을 만날 수 있다면 아이가 어느
> 정도는 숨을 쉬며 성장할 수 있지 않을까 하는
> 기대를 갖게 된다.

직업으로 전직을 하지 못하고 교사로서 의무복무를 해야 했다.

그런데 1997년 금융위기 이후에 우리 사회의 경제 발전이 둔화되고 모든 직업군에서 직업적 안정성이 위축되며 노동 강도와 경쟁이 강화되었다. 그에 따라 정년이 보장되고 퇴근 시간이 일정하며 방학을 누릴 수 있는 교사직이 젊은이들 사이에서 선호의 대상으로 떠올랐다. 거기다가 김대중 정부를 거치면서 교사의 급여도 상당 부분이 현실화되기 시작했다. 실제로 우리나라의 GDP 대비 교사 급여 수준은 세계적으로도 높은 편에 속한다.

이렇게 교직에 대한 국민들의 선호가 높아지면서 동시에 교사에 대한 눈길도 더 엄해졌다. 교사에 대한 선호도가 높지 않던 시절에 교사를 바라보는 국민들의 시선은 동정이 주를 이루었다. 그래서 교직사회가 지닌 많은 허물들을 되도록이면 덮어주려는 분위기였다. 그런데 교사의 사회경제적 위상이 올라가면서 국민들은

교사들에게 보다 더 엄격한 도덕성과 전문성, 헌신성을 요구하기 시작했다. 한편 이러한 국민들의 시선에 비추어볼 때 교직사회가 국민들의 기대 수준에 한참 미치지 못하고 있음이 드러나기 시작했다.

국민의 기대에 미치지 못해서 불신을 받고 있는 교직사회의 현실은 기본적으로 교직사회 내부의 책임이 크다. 지난 30-40년 동안 우리 사회는 급속한 발전을 이룩해왔다. 단순히 경제적인 발전만 이룬 것이 아니라 의식과 도덕성, 합리성과 전문성에서도 발전을 거듭해왔다. 이러한 발전은 사회 각 분야별로 편차가 커서 어떤 부분은 국제 기준에 거의 도달한 반면에, 어떤 부분은 후진국의 수준을 벗어나지 못한 데도 있다.

교직사회도 30-40년 전에 비하면 전반적으로 수준이 많이 발전했다. 수업만 해도 이전처럼 칠판에 한 가득 필기만 하거나 교과서만 읽어대던 수업은 거의 찾아볼 수 없게 되었다. 학생지도만 보더라도 무자비한 군대식 체벌은 사라졌다. 하지만 이러한 발전은 상대적인 발전일 뿐 그동안 우리 사회 전반의 인권의식 발전이나 교육에 대한 관심과 기대 수준의 상승에 비하면 한참 미치지 못하는 수준이다. 교직사회 나름으로는 열심히 변화하려는 노력을 하고 있지만 국민의 기대에는 미치는 못하는 현상이 되풀이 되고 있는 것이다. 사실 교직사회를 향한 국민들의 기대 수준이 급격히 향상

된 반면에 그들의 완만한 변화가 그에 부응하지 못해서 증가한 교직사회에 대한 불신 문제는 단지 교사들만의 책임이라고 볼 수는 없다.

지난 수십 년 동안 정통성이 없던 군사 정부는 교육을 정권 홍보의 수단으로 장악하는 데 초점을 두었기 때문에 교사들이 정권을 비판하지 않고 정권 홍보의 역할을 잘 감당해주기만 하면 다른 사소한 잘못들은 눈감아주었다. 그래서 교사들이 수업을 부실하게 하든, 학생들을 과도하게 통제하든, 촌지를 받든 웬만한 일들을 다 용인했다. 심지어 당시 교직사회에서는 "교사들이 일과 시간에 숙직실에 모여 고스톱을 치는 것은 용납되지만, 모여서 공부를 하면 불온하게 보고 통제를 받는다"는 것이 정설이 될 정도였다.

교사를 대하는 이런 이중적인 자세는 일반 국민들도 마찬가지였다. 국민들은 "군사부일체"니 "스승의 그림자도 밟지 않는다"느니 하며 전통적인 교사상을 이야기했지만, 이런 이야기들은 교사들로 하여금 "너희의 낮은 처우를 그대로 받아들이라"는 의미였지 교사들을 진정으로 존중하는 의미는 결코 아니었다. 그리고 이렇게 사회경제적으로 낮은 처우를 받고 있는 교사들을 촌지로 움직여 내 자식에게 유리한 상황을 만들고자 하는 인식이 팽배했다.

무엇보다 교사들이 국민들의 기대 수준에 따라가지 못하는 가장 큰 원인은 입시 위주의 교육체제와 관료화된 학교 구조에 있다.

사실 교직사회는 우리 사회의 그 어느 집단에 못지않게 우수한 인재가 모인 곳이다. 성적이나 학력만 가지고 교사의 질을 이야기할 수는 없지만 교대나 사대에 입학하는 학생들의 성적순이나 임용고시의 경쟁률을 보면 최고의 인재들이 몰려오고 있다.

하지만 학교는 이렇게 우수한 교사들에게 교육과정 편성권과 평가권을 주지 않고 교과서를 충실하게 요약하고 그 범위를 벗어나지 못하게 제한하고 있다. 그리고 관료화된 학교 구조 내에서 교사들이 아이들을 가르치고 상담하는 일에 집중하도록 내버려두지 않고 온갖 보고와 공문 처리, 각종 행사에 동원하고 있는 상황이다. 이는 의사에게 진료와 원무과 업무를 병행하라고 요구하는 것과 다를 바 없다.

교사를 움직이는 지렛대는 무엇인가?

> 교사란 자신을 태워 다른 사람을 밝게 비춰주는 초와 같다. ―이탈리아 속담

교직사회가 갖는 한계를 극복하기 위해 교직사회 내부에서 일어난 최초의 움직임이 전교조 운동이었다. 전교조 운동에 대한 평가는 사람에 따라 다를 수 있지만 전교조 운동의 본질은 그동안 여러 비교육적인 관행에 안주해 있던 교직사회의 틀을 깨고 교사들이 좀 더 수고하여 교육의 본질에 가까이 가겠다는 선언이고 움직임이었다. 그랬기 때문에 이 운동을 주도하는 사람들 가운데 일부 이념적인 편향성이 강한 사람도 있었지만 다수의 뜻 있는 교사들이 호응을 했고 국민들 다수의 지지를 받을 수 있었다.

하지만 당시 우리 정부와 언론들은 전교조 운동이 가지고 있는 교직사회 내부에서의 자기혁신 운동 에너지에 주목하거나 호응하

지 못했다. 오히려 이 운동이 갖는 정부에 대한 비판적 성격과 일부 치우친 이념 부분만 부각해 탄압했다. 전교조는 정부와 언론의 탄압에 대해 오랫동안 저항하다보니 새로운 교육과 대안을 만들어 가는 일보다는 정부 정책을 비판하고 저항하는 단체로 고착되기 시작했다. 그리고 1999년 합법화와 함께 갑자기 덩치가 커지면서 초기 정신을 잃고 교원의 이익을 대변하는 단체의 성격을 더 많이 띠게 되었다.

이렇게 교직사회 내부에서의 자기혁신 움직임이 분출되다가 안팎의 미숙함이 겹쳐 약화되자 교직사회를 향한 개혁의 창이 외부에서 들어오기 시작했다. 대표적인 예가 '교원평가'이다. 교원평가는 2004년 기독교사모임인 좋은교사운동이 처음으로 제기한 것이었다. 좋은교사운동은 이전부터 자진해서 학생들로부터 수업평가를 받아왔는데, 이를 제도화해서 전 교사에게 확대하는 것이 교사들로 하여금 스스로를 돌아보고 교직사회를 향한 일반인들의 신뢰를 높이는 데 도움이 되겠다는 차원에서 정책 제안을 한 것이다.

정부가 이 제안을 받아들여 제도화하겠다고 했을 때 거대 교원단체인 교총과 전교조는 반대했다. 그럼에도 불구하고 정부가 이 정책을 추진할 수 있었던 것은 대다수 국민들이 찬성했기 때문이다. 하지만 정부는 이 정책이 갖는 효과와 한계에 대해서 국민들에게 정확하게 설명을 해야 했다. 그런데 그러지 못하고 교원평가만

> 우리 교육에 있어서 교사의 문제를 해결해줄
> 본질적인 노력은 바로 아이들로부터 받는 존경과
> 사랑의 맛과 그로부터 오는 교사의 본질적인 에너지와
> 동기를 어떻게 계속 살려주고, 또 다시 살아나게
> 할 것인가 하는 데 있다.

실시하면 우리 교육이 안고 있는 모든 부실이 해결될 것처럼 정치적으로 이용하면서 끌어왔기 때문에 막상 교원평가가 실시된 지금 국민들에게 실망만 안겨주고 있는 실정이다.

그럼에도 불구하고 교원평가가 도입되는 과정에서 현재 교직사회에 대한 국민들의 불신이 상당히 높음이 드러났다. 어떤 방식이든 교육사회가 혁신할 것을 요구하는 외부의 압력이 밀려오고 있는 것이다. 최근에 실시되고 있는 학생인권조례와 체벌금지법도 이러한 연장선상에 있다. 학생들에 대한 비인권적 생활지도의 관행이 우리 교육의 여러 모순으로 인해 어쩔 수 없이 이루어지고 있는 면은 있다. 어쨌든 이러한 부분을 교직사회 내부에서 고치려는 움직임이 있어야 하는데 그러지 못하니 외부에서 변화를 요구하는 압력이 들어오는 것이다.

하지만 이 지점에서 물을 수 있는 것은 교직사회에 대한 외부의 압박으로 교직사회가 얼마나 고쳐질 수 있으며 교사들은 얼마나 변할 수 있을 것인가 하는 부분이다. 매 학년 말이 되면 나는 내가 수업 들어가는 모든 반 아이들에게 1년 동안 지내면서 가장 감사했던 선생님에게 편지를 쓰게 한다. 그리고 그 편지를 배달하는 역할을 한다. 그런데 이 시기가 되면 교무실에는 묘한 긴장감이 흐른다. 아이들에게 감사 편지를 많이 받는 선생님이 있는가 하면 적게 받는 선생님이 있게 마련이어서 뜻하지 않게 교원평가 분위기가 형성되기 때문이다.

놀라운 것은 이런 분위기에 전혀 영향을 받을 것 같지 않던 선생님, 즉 아이들이나 학부모의 평가에도 아랑곳하지 않고 동료 교사들이 보기에도 교사로서 자질이 부족한 것 같고 심지어 학교장도 제대로 통제할 수 없어 두 손 다 들어버린 것 같은 선생님도 이때가 되면 긴장을 한다는 것이다. 그런데 아이들은 아이들인지라 이런 선생님에게도 감사의 편지를 쓰는 아이가 몇 명은 있다. 아주 착한 아이거나 분별력이 떨어지는 아이들이다. 그래서 그 선생님에게 몇 통의 편지를 전달해주면 "아, 나는 이런 편지를 받을 자격이 없는데…"라고 쑥스러워하면서도 기쁜 기색을 감추지 못한다.

연말마다 편지배달부 역할을 하면서, 그리고 그 편지를 받아든 선생님들의 모습을 보면서 '역시 교사는 아이들의 칭찬과 존경을 먹고 사는 존재구나' 하는 생각이 든다. 사실 교직에 처음 발을 디

디는 사람은 누구나 할 것 없이 열심히 하고자 한다. 몇 년이 흐르면서 아이들로부터 오는 존경과 사랑을 맛본 교사는 그 맛에 취하여 아이들에게 더 헌신하게 된다. 누가 시키지 않아도 아이들을 위해 창의적인 노력을 더하고 교사로서 점점 더 전문가가 되어간다. 그런데 어느 순간 아이들로부터 오는 존경과 사랑의 맛을 잃어버린 교사들은 가르침 이외의 다른 영역에 관심을 갖게 되거나 무능 혹은 부적격 교사로 변하고 만다.

하지만 무능 혹은 부적격 교사라 할지라도 마음 깊은 곳에는 아이들로부터 사랑과 존경을 받고자 하는 욕구가 살아 있다. 우리 교육에 있어서 교사의 문제를 해결해줄 본질적인 노력은 바로 아이들로부터 받는 존경과 사랑의 맛, 거기서 나오는 교사의 본질적인 에너지와 동기를 어떻게 계속 살려주고 또 다시 살아나게 할 것인가 하는 데 있다.

교사는 점수와 돈으로 움직이는 존재가 아니다. 움직인다 하더라도 최소한의 겉모습만 움직일 뿐이다. 진정으로 교사가 바뀌기 위해서는 아이들로부터 오는 존경과 사랑의 맛을 회복하는 일에 초점을 맞추어야 한다. 최근 정부가 교사들을 대상으로 교사 성과급 제도를 도입하고 교원평가를 실시하고 있지만 이 제도들이 실제로 교직사회를 변화시키지 못하는 것은 바로 이 때문이다.

기독교사는 우리 교육의 대안이 될 수 있는가?

> 맨 처음엔 선생님 공경하는 법을 배웠다.
> 다음엔 선생님의 성서 사랑을 배웠다.
> 그 다음엔 선생님의 구주 사랑을 배웠다. ―매리언 로렌스

기독교사운동인 좋은교사운동은 교사 집단 내부에서 자발적인 교직문화 혁신 운동을 통해 우리 학교를 바꾸어가야 한다는 사명감에서 시작되었다. 기독교사들이 서로를 돌아보고 양육하고 격려하는 목양 공동체적인 성격을 지닌 기독교사운동은 꽤 오랜 역사를 지니고 있다. 처음에는 20명에서 300명에 이르는 다양한 규모와 성격의 여러 단체로 존재했다. 이러한 단체들이 1995년부터 연합하기 시작했고, 1998년 제1회 기독교사대회를 통해 '기독교사연합'이라는 이름으로 본격적인 연합 활동을 하기 시작했다.

이러한 와중에 1999년에 들어서면서 우리나라 교육계는 두 가지 위기를 맞이하기 시작했다. 하나는 당시 아이들이 교사들의 권

> 기독교사들이 가지고 있는 아이들을 향한 순수한 열망과
> 소명에 근거한 열정을 묶어 가정방문, 일대일 결연,
> 수업 평가받기 등의 운동을 펼치기 시작했다.
> 교사들이 먼저 스스로 변화하여 교사에 대한 국민들의
> 신뢰를 회복하자는 이 운동을 사람들은 '좋은교사운동'이라고
> 불렀고, 이후 이 이름이 기독교사운동의 단체 이름이 되었다.

위를 인정하지 않아 교육이 제대로 진행되지 않는 '교실 붕괴'의 상황이었다. 다른 하나는 교원노조가 합법화 됨과 동시에 회원이 급격하게 늘어나는 상황이었다. 이러한 교육계의 상황에 대해 기독교사운동이 어떻게 대응해야 할지 고민할 때 많은 한국 교회의 어른들이 "지금까지 기독교사운동은 목양 공동체로서의 역할은 잘해왔지만 교육 운동체로서 우리 교육의 역사에 기여한 바가 없다. 그러므로 이제 우리 교육이 안고 있는 문제들을 부여잡고 대안을 만들어내는 교육 운동체의 역할을 해나가야 한다"는 조언을 해주셨다.

당시 기독교사운동에 속한 교사들은 대부분 보수적인 교회나 선교단체에서 신앙 훈련을 받은 사람들이라 영혼 구원에 대한 열정이 높아 아이들에게 복음을 전하고 양육하며 연약한 아이들을 돌아보는 일에는 매우 헌신적이고 능했다. 하지만 우리 교육의 모

순된 구조를 분석하고 교육계의 악과 싸우는 일에는 그리 익숙하지 않았다. 게다가 아이들의 영혼 구원에 대한 열정은 결코 소홀히 할 수 없는 매우 소중한 가치였다. 그래서 우리가 붙들고 있는 소중한 가치를 소홀히 하지 않으면서도 우리가 가진 자산을 활용해서 우리 시대의 교육 문제를 해결하는 데 도움이 되고 기여할 수 있는 일이 없는지 한번 찾아보기로 했다.

그런 과정을 통해 발견한 것이 '교육실천운동'의 영역이었다. 아이들이 교사의 권위를 잘 인정하지 않으려고 해서 교실에서 교육이 제대로 이루어지지 않는 '교실 붕괴' 상황에서도 기독교사들 중에는 아이들만 탓하거나 허울뿐인 군사부일체 타령을 하는 대신에 어떻게 하든지 먼저 아이들에게 다가가 그들을 더 사랑하려고 노력하며 아이들과 학부모로부터 존경과 신뢰를 회복해가는 사람들이 많았다. 그래서 우리가 가진 이 자산을 교육계를 위해 내놓기로 했다.

비록 우리 교육계에 구조적인 모순이 많고 이를 고치기 위해 제도를 개선하는 노력을 해야 하지만 모순된 구조 아래라고 할지라도 교사가 아이들을 더 사랑하기 위한 창조적인 노력마저 포기할 수는 없는 일이었다. 그래서 기독교사들이 가지고 있는 아이들을 향한 순수한 열망과 소명에 근거한 열정을 묶어 가정방문, 일대일 결연, 수업 평가받기 등의 운동을 펼치기 시작했다. 교사들이 먼저 스스로 변화하여 교사에 대한 국민들의 신뢰를 회복하자는 이 운동을 사람들은 '좋은교사운동'이라고 불렀고, 이후 이 이름이 기독교사운동의 단체 이름이 되었다.

좋은교사운동은 교육실천운동에만 머물지 않고 교육정책을 기독교적 안목으로 분석하고 대안을 제시하는 운동으로 나아갔다. 기독교적인 교육정책이 무엇이냐에 대해서는 내부적인 논란이 있기는 했다. 그러나 교사들의 이해관계가 아닌 아이들을 중심에 놓고 생각하는 것, 사회적 약자를 우선적으로 배려하는 것, 합리적 대안을 제시하는 것 등의 원칙들을 정리했다. 이러한 교육정책운동은 이념에 의한 편가르기가 만연한 교육계에서 아이들을 중심에 놓고 실사구시적인 정책을 추구하는 것으로 인정을 받아 교육계의 여러 현안 가운데 중요한 의제와 대안으로 채택되어 왔다.

기독교사운동을 향한 일반 교육계의 탄식

> 사람은 사람에 의해서만 사람이 될 수 있다. 사람에게서 교육의 결과를 제거해버린다면 아무것도 남지 않을 것이다. —칸트

좋은교사운동에 대해 당시 일반 교육계가 보인 반응은 "전교조의 초창기 모습, 즉 참교육 운동을 보는 것 같다"였다. 마침 좋은교사운동이 교육실천운동을 통해 일반 교육계에 명함을 내밀기 시작하던 2000년대 초반은 전교조 운동이 합법화 되어 많은 사람들이 가입한 시기이기도 했다. 그러나 개인의 신분과 이익을 지키기 위한 수단으로 가입하는 사람들이 늘어나면서 초기 전교조가 추구했던 자기희생적인 교육혁신을 하기 힘든, 공룡과 같이 거대한 조직이 되어가는 상황이었다. 전교조 본부도 비합법 시절 10년 동안 정부와 싸워온 관성으로 인해 정부의 교육정책에 반대하고 정부를 비판하는 일에는 익숙했지만 자기들의 주장을 담은 새로운 교육상과

대안을 대놓는 데는 한계에 부딪히고 있었다.

초기 전교조 정신과 그들의 희생, 참교육 실천 운동의 모습을 기억하고 있던 사람들은 이런 말을 덧붙이는 것도 잊지 않았다. "전교조 운동은 인간의 정의감에 기반하고 있는 운동이었다. 그래서 학교 민주화와 교육개혁에 앞장섰지만 인간의 정의감에 바탕을 둔 운동으로는 10년 이상을 지속하기 힘들었다. 이제 우리 교육은 변하는 인간의 정의감이 아니라 불변하는 하나님의 부르심과 성령의 힘주심에 근거한 기독교사운동이 책임을 져야 할 상황이다. 기독교사운동마저 이 부분에서 실패한다면 우리 교육은 정말 희망이 없다."

이들의 이야기를 듣고 있자면 정말 "피조물이 고대하는 바는 하나님의 아들들이 나타나는 것이니"롬 8:19라는 말이 실감난다.

그러기에 일반 교육계에 종사하는 사람들 가운데서 정말 우리 교육과 아이들을 사랑하는 사람들은 좋은교사운동이 자기 역할을 제대로 해서 우리 교육에 새로운 변화의 바람을 일으키기를 간절히 원하고 있다. 그들은 기독교인이 아니고 심지어 기독교에 반감을 가지고 있는 사람도 있다. 또 좋은교사운동이 기독교사모임이라는 사실을 잘 알고 있으면서도 기독교적 정체성을 가지고 공교육 현장에서 활동하는 것에 전혀 문제 제기를 하지 않는다. 오히려 기독교사운동이 가지고 있는 소명으로서의 교사상, 성령의 힘주심과 새롭게 하심, 자신의 존재 기반과 이해를 넘어서는 초월성, 사랑의 능력 등을 가지고 우리 교육계에 선한 영향력을 미쳐주기를 간절히 원하고 있다.

좋은교사운동은 지금까지는 좋은교사운동을 향한 일반 교육계의 뜻 있는 사람들의 기대에 어느 정도 부응해왔다. 한편으로는 학교에서 아이들에게 복음을 전하고 양육하는 일과 수업 내용을 기독교 세계관으로 재구성하여 가르치는 기독교의 고유한 복음성을 붙잡고 있다. 다른 한편으로는 기독성을 내면에 담보하고 있지만 일반 교육계와 공유할 수 있는 운동을 동시에 추진하고 있다. 맡은 학급을 사랑이 넘치는 공동체로 만들어가는 '학급운영 사역', 가난하고 어려운 아이들을 부모의 마음으로 헌신적으로 돕고 섬기는 '고통 받는 아이 돕기', 아이들의 눈높이에 맞는 친절하고 탁월한 수업과 소통, 경쟁이 아닌 협동으로 하는 '수업 혁신 운동', 교사들이 먼저 연구하고 서로의 수업을 공개하는 '배움의 공동체 운동', 학교 내 갈등과 분쟁 가운데 화해자와 중보자로 서는 운동 등이 그것이다.

공교육에서 기독교사운동이 어떻게 가능한가?

> 교사의 임무는 독창적인 표현과 지식의 희열을
> 불러일으켜주는 일이다. —아인슈타인

공교육 현장에서 기독교사의 정체성을 분명히 하고 기독성에 바탕을 두며 아이들에 대한 교육과 학교를 변화시켜가고자 하는 좋은 교사운동의 사역에 대해 딴죽 거는 목소리들도 많다. 이들은 공교육 현장에서 어떻게 기독교사운동이 가능하냐고 묻는다. 이렇게 하는 것은 공교육의 종교중립성을 위반하는 것이 아니냐고 따진다. 또 어떤 이는 "우리 교육이 발전하기 위해서는 전교조가 노동조합을 내려놓아야 하듯 좋은교사운동은 기독교를 내려놓아야 한다. 이제 좋은교사운동이 기독성을 떼고 일반적으로 '좋은' 모든 것을 수용하는 일반 교육운동으로 성육신해야 한다"라고 충고하기도 한다.

사실 공교육을 포함한 모든 공적 영역에서 신앙을 배제하는 것이 세계적인 추세이다. 유럽이나 미국과 같이 오랜 기독교 전통을 가진 사회에서조차도 학교에서 교사가 개인의 신앙을 드러내는 일을 철저하게 배제한다. 그래서 자녀의 신앙을 지키려는 부모들은 많은 희생을 감수하고서라도 자녀들을 기독교학교에 보내거나 아예 홈스쿨링 하는 방식을 택하기도 한다. 좋은교사운동과 같이 공교육 현장에서 기독교사들이 기독교적인 교육운동을 하는 것은 세계적으로 유례를 찾아보기가 힘들다.

좋은교사운동은 다종교 사회에서 공교육의 종교중립성을 인정하고 존중하지만 여기에 제한되지 않고 더 높은 가치를 추구한다. 자신의 정체성을 단지 국가가 임명한 교육공무원으로 인식하는 수준을 넘어 하나님의 부르심을 받고 학교로 파송 받은 사역자로 인식하는 것이다. 교육공무원의 역할과 책임을 넘어 하나님의 마음으로 아이들을 그 영혼까지 사랑한다. 교과서의 테두리를 넘어 하나님이 창조하신 세계의 깊은 것과 진리의 본질에 접근하려고 노력한다. 이를 통해 아이들과 학부모들의 신뢰를 얻고 방과 후나 점심시간을 이용한 자유로운 만남을 통해 아이들에게 직접 복음을 전하고 양육하는 단계로 나아가려고 노력한다.

엄격한 종교중립을 추구하는 공교육의 흐름 가운데서 기독교사운동이 살아남고, 나아가 기독교적 세계관에 바탕을 두고 우리 공교육의 흐름을 개혁하며 교육을 복음 위에 세우기 위해 좋은교사운동이 취하고 있는 전략이 있다. 바로 복음과 교육을 분리하지 않는 기독교사로 살아가고자 하는 인물을 늘려가는 것이다. 논리의 싸움만으로는 공교육 현장에서 기독교사운동을 지속하기가 점점 어려워지고 있다. 하지만 기독교사들이 학교에서 제일 수업을 잘 하고, 아이들과 학부모의 신뢰를 얻는 교사로 학교의 중심에 서며, 그 사람이 없으면 학교가 제대로 돌아가지 않을 정도로 핵심적인 역할을 감당한다면 얘기가 달라질 수 있다. 기독교사의 삶 가운데서 복음을 분리하고 제거하기를 원하는 사람들이라고 할지라도 그 기독교사가 발휘하는 교육적 탁월성과 교육과 아이들을 향한 헌신성이 훼손당할 것을 우려해 오히려 복음을 용인하고 수용하는 단계로 나아가보자는 것이다.

실제로 공교육 현장에서는 지금도 이런 역사가 많이 일어나고 있다. 이러한 역사들이 있기에 좋은교사운동이 공교육 속에서 살아남고 그 사역을 계속 할 수 있는 것이다.

기독교사 공동체가
희망이다

> 내가 삶에 대해선 부모님께 은혜를 입었으나 훌륭하게
> 사는 것에 대해선 선생님께 은혜를 입었다. ―알렉산더 왕

공교육 안에서 일어나고 있는 기독교사운동이 더 성장하고 우리 교육의 희망으로서 그 역할을 다하기 위해서는 든든한 기독교사 공동체가 뒷받침되어야 한다. 기독교사운동에 소속되지 않은 개별적인 기독교사는 개인이 아무리 유능하고 탁월하다 할지라도 지속적으로 에너지를 공급받고 회복할 기회가 없기 때문에 세상에 동화되거나 약화되기 쉽다.

실제로 대학 시절 선교단체에서 같이 훈련을 받고 세상을 변혁하는 그리스도인으로 살겠다고 다짐하며 교직 발령을 받았던 사람들의 삶을 추적해보면, 교직 초기부터 기독교사 공동체에 소속해서 꾸준히 활동했던 사람과 그렇지 않은 사람은 기독교사로서 살

> 기독교사들에게 교회 봉사만 더 하도록 요구할 경우
> 실제로 이들이 학교에서 기독교사로서의 삶을
> 제대로 살아내는지 알 길이 없다.
> 이들이 교회에서는 충성을 다해도 학교에서는
> 기독교사답게 살지 못한다면 하나님나라에
> 손실일 뿐 아니라 장기적으로 교회에도 유익하지 못하다.

아가는 모습에서 매우 큰 차이가 난다.

우리나라 교육계에서 기독교사운동이 하나의 변혁적인 흐름으로 시작되는 계기가 된 사건이 하나 있었는데 바로 1998년 제1회 기독교사대회이다. 1995년부터 10여 개의 기독교사단체들이 연합해서 기독교사대회를 준비하고 이 소식을 알리기 위해 〈기독교사신문〉을 찍어서 전국 11,000개 학교에 발송을 했다. 이 신문을 보고 기독교사대회 소식을 접한 선생님들이 전국에서 모여들기 시작했다.

이렇게 모인 1,000명의 교사 가운데서 절반인 500명은 기존의 기독교사 단체와 연결되지 않은 사람들이었다. 이들은 기독교사대회가 진행되는 3박 4일 동안 펑펑 울었다. 그동안 기독교 신앙을 가진 동료 교사들조차 학교 현장에서 자신이 그리스도인임을 드러내지 않고 지내는 상황 속에서 자기 혼자만 그리스도인이라도 되는 듯 공개적으로 아이들과 동료 교사들에게 복음을 전하는 사역을 하면서 많이 힘들고 외로웠던 것이다. 그러던 차에 기독교사대회에 와서 전국에 자기와 같은 고민을 하며 생활하는 다른 기독교사가 1,000명이나 있다는 사실을 발견하고 나서는 너무 기뻐 감사의 눈물을 흘렸던 것이다. 이들이 각자의 지역으로 돌아가 기존의 기독교사 모임에 참여하고, 기존 모임이 없는 경우에는 새롭게 모임을 만들면서 기독교사운동이 퍼져 나갔다.

그러기에 교회는 교회에 속한 기독교사들을 지역에 있는 기독교사 공동체 속하도록 권하고 파송해주어야 한다. 그러지 않고 자기 교회에 속한 기독교사들을 붙들고 이들에게 교회 봉사만 더 하도록 요구할 경우 실제로 이들이 학교에서 기독교사로서의 삶을 제대로 살아내는지 알 길이 없다. 이들이 교회에서는 충성을 다해도 학교에서는 기독교사답게 제대로 살아내지 못한다면 하나님 나라에 손실이 될 뿐 아니라 장기적으로 교회에도 결코 유익하지 못하다.

각 교회가 자기에게 속한 기독교사들을 지역의 기독교사단체에 소속하도록 적극적으로 권하여 학교에서 어떻게 기독교사로 살아낼 것인지 훈련받게 해야 한다. 그럴 때 이들이 삶의 현장 속에서 그리스도인답게 사는 온전한 그리스도인으로 자라나 결국 교회를 더 풍성하고 성숙하게 만드는 데도 기여할 것이다.

15년 전 '감자탕 교회'로 유명해진 서울광염교회의 조현삼 목사가 좋은교사운동에 연락을 해왔다. 그 교회가 지금은 매우 큰 규모가 되었지만 당시에는 교인이 200명 남짓에 불과했고 1층이 감자탕집인 상가 3층에 위치하고 있었다. 그 교회에는 학교 교사로 재직하고 있는 사람이 20명 가량 있었는데 이들을 영적으로 돕다 보니 목사가 미처 다뤄주지 못하는 부분이 있어서 고민이라는 이야기를 들었다. 교회 내에 있는 교사들이 기독교사모임으로 모여서 자신들이 학교에서 부딪히는 고민들을 스스로 해결해나갈 수 있도록 도와달라는 요청이었다. 그래서 한 학기 정도 그 교회 내 교사들이 스스로 모임을 꾸려가도록 도운 적이 있다.

감자탕교회와 같이 교회 내 기독교사의 수가 일정 이상 될 경우에는 교회 내 기독교사모임을 만들도록 도울 필요가 있다. 하지만 이 경우 목회자가 중심이 되고 교사들이 끌려오는 형태로는 아무리 교사 수가 많아도 모임이 성공할 수 없다. 오히려 교사들에게 동기부여를 해서 스스로 모임을 만들고 자기 필요를 따라 모임의 내용을 구성하도록 하는 것이 좋다. 무엇보다 교사들 가운데 의욕이 있는 사람을 기독교사대회나 좋은교사운동 소속 여러 모임에 참여해서 훈련을 받게 한 후 그들을 리더로 세우는 것이 가장 바람직하다.

기독교사의 수가 많지 않은 경우에는 그들을 지역의 기독교사

모임에 소속시켜 기독교사의 삶을 훈련받고 공동체적인 도움을 받도록 격려하고 파송하는 일을 해야 할 것이다.

현지 기독교사뿐 아니라 예비 기독교사들도 주요한 훈련 대상이 되어야 한다. 오늘날 교직에 대한 선호가 높아지면서 많은 대학생들이 교사가 되기 위해 교대나 사대에 진학하고 교원임용고시를 준비하고 있다. 하지만 교사를 양성하는 대학에서는 학생들에게 학문적 지식을 가르쳐주지만 교사에게 정말 필요한 소명을 불어넣어주는 일은 소홀히하고 있다.

학생들도 자신의 소명을 확인하기보다는 교직이 지닌 직업적 안정성 때문에 무작정 교직에 들어오려고 한다. 교원임용고시의 과정도 아이들에 대한 애정을 불러일으키기보다는 메마른 암기 위주의 반복적 공부를 요구한다. 그러다보니 임용고시를 준비하면서도 왜 자신이 공부를 해야 하는지 동기부여를 전혀 받지 못한다. 힘겨운 경쟁을 뚫고 임용고시에 합격한다 하더라도 그 힘든 공부의 긴장감에서 놓인 후에도 실제 교사로서 갖춰야 할 자질들을 전혀 갖추지 못해 힘든 교직사회의 현실 앞에서 좌절하는 경우가 많다. 그렇게 힘든 과정을 통과해서 교직에 들어온 교사나 우리 교육계나 모두가 손해를 보고 있는 것이다.

이러한 상황을 극복하기 위해 좋은교사운동에서는 전국 각 지역별로 '예비기독교사아카데미'를 개설해 운영하고 있다. 선배 기독교사들이 교사의 소명으로부터 시작해서 교직의 각 영역을 기독교적으로 어떻게 바라보며 무엇을 준비해야 할지에 대해 매우 자세하게 안내하고 상담해주는 과정이다. 이 과정을 통해 많은 예비 교사들이 자신이 왜 교사가 되어야 하며 무엇을 준비해야 하는지 깨닫고 있다.

기독교사운동은 결국 한국 교회의 일원이고 한국 교회 속에서 자라왔다. 1970년대와 1980년대 대학의 선교단체들과 교회의 대학부들이 대학생들에게 제자도와 기독교 세계관을 훈련하지 않았다면 오늘날의 기독교사운동은 시작되지 않았을 것이다. 지금도 기독교사운동은 한국 교회의 기도와 후원, 파송이 없으면 지속적으로 성장하거나 그 역할을 감당할 수 없다.

앞으로 한국 교회는 기독교사운동이 우리의 교육을 변화시키는 역할을 할 수 있도록 지속적인 도움을 주어야 한다. 동시에 기독교사운동도 한국 교회의 일원으로서 책임감을 갖고 한국 교회가 갖고 있는 교육적 문제에 대한 해답과 대안을 만드는 역할을 계속 해가야 할 것이다.

우리 교육의 희망과 기독교적 대안을 찾아서

1. 교사란 누구인가? 교사직을 희망하는 사람들은 어떤 준비를 해야 하는가? 학생과 학부모의 희망이 되기 위해 교사가 어떻게 변화되어야 할지 얘기해보자.

   ....
   ....
   ....

2. 학교 현장에서 기독교사의 사명을 다하기 위해 어떤 노력을 기울일 수 있는가? 기독교사로 살아갈 때 예상되는 어려움을 나누고 이를 극복할 수 있는 실제적인 대안을 얘기해보자.

   ....
   ....
   ....

3. 기독교사로서 사명감을 가지고 학교 현장에서 살아가기 위해서는 공동체가 필요하다. 바람직한 기독교사 공동체는 어떤 모습이어야 하는지 나누어보자.

   ....
   ....
   ....

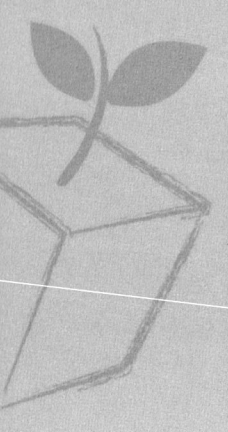

사교육 문제는 단순히 교육 문제가 아니라 가정 재정 및 가족관계, 나아가 범사회적 문제이다. 그 뿌리가 대학 입시라는 구조적 문제와 얽혀 있기 때문이다. "할 수 있거든이 무슨 말이냐 믿는 자에게는 능히 하지 못할 일이 없느니라"(막 9:23). 난치병도 믿음으로 고칠 수 있다는 이 말씀이 오늘 우리 사회가 앓고 있는 입시·사교육 병에도 얼마든지 적용된다고 믿는다.

6장
교회, 비전을 제시하라

_ 교육에 대한 꿈을 버리지 말라
_ 고통의 교육에서 출애굽 하라
_ 삶의 전 영역에서 제자도를 묻다
_ 한국 교회가 실천할 수 있는 대안
_ 교회가 학교로 들어가야 한다
_ 교회와 학교의 담 허물기
_ 대안학교를 꿈꾸는 교회들에게
_ 지금 여기서 시작되는 거듭난 교육

교육에 대한 꿈을
버리지 말라

> 교육은 그대의 머리 속에 씨앗을 심어주는 것이 아니라
> 그대의 씨앗들이 자라나게 해주는 것이다. —칼릴 지브란

학부모를 대상으로 세미나를 할 때 제일 먼저 하는 워크숍이 있다. 자녀들이 다니는 학교를 어떻게 생각하는지 한 단어로 표현해보게 하는 것이다. 가장 많이 나온 단어는 '공장'이었다. 다양한 아이들이 학교에 입학하지만 졸업 때면 '붕어빵 찍듯이' 똑같은 제품을 쏟아내는 공장과 같다는 것이다. 두 번째 많이 나오는 단어는 '감옥'이었다. 창살은 없지만 아이들을 6년 또는 12년 동안 가두어두고 사회로부터 격리시키는 감옥과 같은 곳이라는 말이다. 그 밖에도 '양계장', '수용소', '필요악' 등과 같은 단어들이 많이 등장했다. 초등학교보다는 중·고등학생 자녀를 둔 부모일수록 학교에 부정적인 인식을 더 강하게 갖고 있었다.

왜 학교가 이런 모습이어야 하는가? 왜 우리나라 교육이 이렇듯 고통스러운 교육이 되어야 하는가? 놀라운 것은 대부분의 부모들이 이런 학교와 교육의 현실을 담담하게 받아들이고 있다는 사실이다. "학교가 다 그런 것 아니에요?" "남들이 다 가는데 그렇다고 안 보낼 수도 없잖아요?" "다른 무슨 뾰족한 수가 있나요?"

이제는 왜곡된 교육 현실에 익숙해져 있기 때문에 더 이상 항거하지 않고 운명으로 받아들이는 모습이다. 노예 생활을 오래 하다 보면 노예가 아니었던 상태를 기억하지 못하는 '노예 근성'을 갖게 되는 것처럼 말이다. 사실 우리가 언제 제대로 된 교육을 한 번이라도 받아나보았던가? 오랜 기간 동안 입시 위주의 왜곡된 교육 현실 속에서 교육의 본래 모습은 기억 저편으로 사라지고 이제는 꿈조차 꾸지 못하게 된 것은 아닐까?

하지만 우리가 따르는 예수님이 누구시던가? 본질을 회복하시는 분이 아니던가? 예수님은 산상수훈에서 그릇된 율법주의를 책망하며 율법의 본질을 회복시키신다. "옛 사람에게 말한 바 … 하였다는 것을 너희가 들었으나"라고 현실을 직시하신 후에 "나는 너희에게 이르노니"라고 말씀하시며 율법의 본질이 사랑임을 깨우쳐주신다.

이것이 바로 하나님의 '원래 의도'original intention를 회복시키는 복음의 능력이다. 예수님은 이 땅의 교회가 지닌 본질이 회복되기를,

이 땅의 교육이 지닌 본질이 회복되기를 원하신다. 개혁의 원동력은 '원형'을 사모하는 것이다. 현실에 안주하지 않고 '왜'라고 질문하는 것이다.

한국 교회는 우리 교육의 희망이 되어야 한다. 그러기 위해서는 오늘날의 교육 현실에 매몰되지 않고 원래의 교육에 대한 꿈을 꾸어야 한다. 하나님이 기뻐하시는 교육의 모습, 교육이 더 이상 고통이 아니라 축복인 모습, 하나님과 하나님이 창조하신 세계를 알고 하나님의 나라를 일구어가는 아름다운 모습을 꿈꾸어야 한다. 꿈마저 사라져버린 우리나라 교육의 현실 속에서 한국 교회가 교육에 대한 꿈을 포기하지 않고 교육의 밑그림을 다시 그려야 한다. 오늘 우리의 교육이 변화되기 위해서 가장 필요한 것은 교육에 대한 꿈이다. 그 꿈들이 모여 한국 교회의 꿈이 될 때 그 꿈은 현실이 될 것이다.

고통의 교육에서 출애굽 하라

배움은 의무도, 생존도 아니다. —에드워즈 데밍

얼마 전에 읽은 열여섯 살 중학교 3학년 여학생의 유서가 기억난다. "엄마, 이런 게 불효겠지요"로 시작되는 유서, 학교 가는 것이 너무나 고통스럽다고 적은 후에 그 유서는 마지막을 이렇게 맺고 있다. "지옥에 떨어져도 좋아요. 이곳보단 낫겠지요." 교육이 얼마나 고통스러웠으면 지옥의 고통보다 더 심하다고 생각했을까? 아직도 그 유서는 나에게 아픔이 되고 있다.

한 해에 자살을 택하는 청소년의 수가 200명 가량이나 된다. 지난 40년간 죽음을 택한 청소년이 8,000명이나 된다는 이야기인데 이는 월남전에서 전사한 국군의 수보다 많다. 정말 오늘의 우리 교육은 전쟁터를 방불케 한다. 지금도 수많은 아이들이 고통스러운

'교육의 가나안 땅'은 있다. 하나님의 교육이
실현되는 그 땅. 더 이상 죽음이 없고 슬픔이 없는 교육,
더 이상 교육이 저주와 고통이 아닌 기쁨과 감사가 되는
교육. 그 교육의 가나안 땅으로 이 땅의 아이들을
인도해야 하지 않는가? 한국 교회에는
'교육 엑소더스'의 책임이 있다.

교육으로 인해 신음하고 있으며 수많은 부모들이 한숨 쉬며 괴로워하고 있다. 왜 교육이 고통이어야 하는가?

이 땅의 고통스러운 교육 현실을 생각하노라면 출애굽기 말씀이 떠오른다. "내가 애굽에 있는 내 백성의 고통을 분명히 보고 그들이 그들의 감독자로 말미암아 부르짖음을 듣고 그 근심을 알고."^{출 3:7} 오늘날 교육으로 인해 고통당하는 신음소리를 듣고 가장 안타까워하시는 분은 하나님이다. 그 하나님이 이스라엘 백성을 애굽의 압제에서 건져내신 것처럼 이 땅의 고통스러운 교육으로부터 아이들을 건져내기 원하신다. '교육의 엑소더스.' 죽음의 교육, 고통의 교육으로부터 '출애굽' 하는 것이 하나님의 뜻이다.

그래서 모세를 불렀듯이 우리를 부르고 계신다. 나는 '교육의 가나안 땅'이 있다고 믿는다. 하나님의 교육이 실현되는 그 땅. 더 이상 죽음이 없고 슬픔이 없는 교육, 더 이상 교육이 저주와 고통이 아닌 기쁨과 감사가 되는 교육, 그 교육의 가나안 땅으로 이 땅의 아이들을 인도해야 하지 않는가?

한국 교회에는 '교육 엑소더스'의 책임이 있다. 교회는 칠흑같이 어두운 이 교육의 현실 속에서 빛이 되어야 한다. 기독교교육은 좁은 의미의 교회교육만이 아니라 이 땅의 교육에 대한 진정한 대안이 되어야 한다. 한국 교회는 자녀들의 교육으로 인해 눈물 흘리는 부모들의 눈물을 닦아주어야 하며 기본적 인권인 수면권마저 박탈당하고 있는 이 땅의 아이들이 짊어진 고통의 짐을 덜어주어야 한다.

"한국 교육, 교회가 살리자." 어느 일간지와 기독교학교교육연구소가 공동으로 내건 교육 슬로건이다. 교육의 엑소더스를 통해 한국 교회가 이 땅의 교육을 살리는 데 앞장서야 한다. 비록 작은 한 걸음일지라도 하나님이 그 걸음을 통해 아이들을 살리시고 세상을 바꾸는 일에 교회를 사용하실 것을 믿는다.

삶의 전 영역에서
제자도를 묻다

> 어린아이 교육은 적어도 아이가 태어나기 100년 전부터 시작되어야 한다. ―올리버 웬델 홈즈

그리스도인은 누구인가? 예수 그리스도를 주님으로 영접한 자들이다. 이때까지 자기 삶의 왕좌에 자신이 앉아 있었지만 이제는 내려와 그 자리에 예수 그리스도를 모신 자들이다. 주인이 바뀐 것이다. 더 이상 내가 내 인생의 주인이 아니고 주님이 내 삶의 주인이 되신 것이다. 그리스도인이 된다는 것은 단지 주일에 교회에 나가는 것을 의미하는 것이 아니라 예수 그리스도를 삶의 주인으로 모시고 이제는 주님의 다스림을 받으며 사는 것을 의미한다. 예수 그리스도의 주님 되심^{Lordship}을 인정하는 것이 제자도의 기본이다. 삶의 전 영역에서 주님을 인정하고 따르며 사는 것이 제자의 삶이기 때문이다.

우리가 진정 예수 그리스도를 주님으로 믿고 그분을 따르는 제자가 되었다면 삶의 모든 영역에서 주님을 인정해야 한다. 이제는 나의 삶이 '내 것'이 아니라 '주님의 것'이 되었기 때문이다.

멍거가 쓴 「내 마음 그리스도의 집」이라는 소책자가 있다. 예수 그리스도를 믿는다는 것은 내 마음의 집에 예수 그리스도를 모셔들이는 것을 의미한다. 예수님을 내 삶의 바깥에 계시도록 내버려두지 않고 내 집에 초대하기로 결단하는 것이다.

그런데 많은 사람들이 예수님을 응접실에만 모셔놓으려고 한다. 그러나 주님은 다른 방도 다스리고 축복하기를 원하신다. 안방도, 서재도, 부엌도. 주님을 모신 방마다 새로운 변화가 일어나고 축복을 경험하게 된다. 그런데 오락실은 주님께 내어드리고 싶어 하지 않는 사람들이 많다. 나 혼자 즐기고 싶어 하는 것이다. 그러나 주님은 여가시간에 있어서도 우리의 주님이 되기를 원하신다. 주님은 우리의 따분하고 그릇된 여가시간을 가장 즐겁고 신나는 시간으로 변화시켜주신다. 마지막으로 자신의 가장 은밀한 것을 숨겨놓은 벽장까지 주님께 내어드릴 때 우리의 마음은 진정으로 주님이 다스리시는 집이 된다.

이 책의 마지막 부분에 나온 말이 있다. '명의 이전.' 그렇다. 내가 주인인 채 주님을 손님으로 모시는 것이 아니라 주님께 명의를 완전히 이전하는 것이 진정으로 주님을 믿는 것이다. 진정한 제자는 명의 이전을 한 그리스도인이다.

우리가 진정 주님을 믿는 제자라면 자녀교육의 방도 주님께 내어드려야 한다. 자녀교육에서도 예수님을 믿어야 한다는 말은 바로 자녀교육에서 예수 그리스도의 주님 되심을 인정해야 한다는 말이다. 오늘날 많은 교인들이 자녀교육 방의 열쇠를 자신이 갖고 있다. 주님께 그 열쇠 드리는 것을 주저하고 있다. 내가 내 자녀의 교육을 책임져야 한다고 생각한다. 불안하면 불안할수록 그 열쇠를 꼭 쥐고 노심초사하며 자녀교육의 주인 행세를 하고 있다.

우리는 다시금 진지하게 스스로에게 질문해야 한다. "나는 과연 그리스도인인가?" "나는 과연 예수 그리스도를 믿는가?" "나는 과연 주님의 제자인가?" 그렇다면 삶의 전 영역을 주님께 맡겨야 한다. 명의 이전을 해야 한다. 자녀교육의 영역도 주님의 것임을 고백해야 한다. 그럴 때에 부모보다 자녀를 더 사랑하시고, 부모보다 자녀를 더 잘 아시고, 부모보다 자녀가 더 잘 되기를 원하시는 주님이 우리를 가장 좋은 자녀교육으로 인도해주신다. 결국 자녀교육은 믿음의 문제이고 제자도의 문제이다.

오늘날 우리 사회를 살아가는 그리스도인에게 자녀교육의 문제는 그 사람이 진정한 주님의 제자인지, 삶의 전 영역에서 그리스도의 주 되심을 믿고 순종하며 살아가고 있는지 시험하는 리트머스 시험지라고 할 수 있다. 교회 내에서 신실하다고 인정을 받는 그리스도인 중에는 자신의 많은 시간이나 물질을 교회에 바치면서도 자녀교육의 문제만큼은 온전히 주님께 맡기거나 신앙을 공부보다 더 우선순위에 놓지 못하는 사람들이 많이 있다. 이 사람들에게 자녀의 성적과 대학 진학은 부자 청년의 재물과도 같다. 이들은 사실 내 자녀의 미래에 있어서 주님보다는 학벌과 안정된 직장이 더 중요하다고 생각하는 사람들이다. 어쩌면 자신에게 있어서도 주님보다는 물질과 사회적 지위가 더 중요한 사람들인지도 모른다.

그러므로 주님이 나를 사랑하고 지금까지 인도해주셨듯이 아무리 치열한 경쟁 사회를 살아갈 나의 자녀라 할지라도 주님이 그와 함께하실 것을 굳게 믿고 흔들리지 않는 사람이 진정으로 주님을 주인으로 인정하는 제자라고 할 수 있다. 이러한 믿음 위에 있는 사람은 자녀로 하여금 주님을 만나게 하고, 주님을 의지함으로 그분의 도우심을 경험하게 하며, 경건의 훈련을 하게 하는 것을 제일 우선순위에 놓을 수밖에 없다.

교회는 성도가 어디에 우선순위를 두고 자녀를 교육하는지 보아서 그 사람의 신앙을 판단해야 하고, 또 성도가 자녀교육에 있어서도 온전히 주님을 의지하도록 지속적으로 권면하고 실제적인 도움을 주어야 한다.

한국 교회가
실천할 수 있는 대안

> 교육에서는 이성적 삶이 과학적 실험으로부터 이지적 이론으로, 그리고 정신적 느낌으로, 다시 신에게로 서서히 나아가게 된다. ―칼릴 지브란

부모가 신앙에 우선순위를 두고 자녀를 교육하도록 교회가 돕기 위해 다음과 같은 일을 할 수 있다.

첫째, 교회 차원에서 학부모를 깨우는 교육을 실시할 필요가 있다. 교회마다 부모학교를 개설하여 성경적인 자녀교육이 무엇인지 가르쳐야 한다. 하나님은 자녀교육을 부모에게 맡기셨다. 부모가 먼저 변해야 자녀가 변한다. 부모에게 참다운 자녀교육의 성공이 무엇인지 깨닫도록 해야 한다. 옆집 엄마의 말에 흔들리는 것이 아니라 말씀을 붙들도록 해야 한다. 교회 다니는 학부모들이 진정한 '기독학부모'로 깨어나서 자녀들을 신앙으로 양육하고 하나님의 일꾼이 되도록 하겠다는 확신을 가질 때 교회학교는 부흥하고

교육이 살아날 수 있다.

지금 학부모들의 관심은 소위 명문대학교와 특목고등학교와 국제중학교에 쏠려 있다. 자녀의 학업 성적을 몇 점이라도 올리는 것이 지상과제이다. 입시 경쟁에서 살아남기 위해서는 허리띠를 졸라매서라도 자녀를 학원에 보내고 과외공부라도 시켜야 한다고 믿고 있다. 주일 아침마저도 자녀를 교회학교에 보내는 것이 아니라 학원이나 독서실로 보내는 경우가 비일비재하다. '옆집 엄마'와의 경쟁으로 불안감은 더욱 가중된다. '이러다가 내 아이만 처지는 것이 아닌가?' 하는 의심은 더욱 더 아이들을 사교육 시장으로 내몰고 있다.

학부모의 관심이 바뀌어야 한다. 무엇이 자녀교육의 진정한 성공인지 깨달아야 한다. 무슨 일이 있어도 주일 아침에 자녀를 교회학교에 보내는 것이 가치 있는 일임을 인식해야 한다. 여호와를 경외하는 것이 지식의 근본임을 확신해야 한다. 자녀를 기독교교육에 맞게 양육해야겠다는 신념을 가져야 한다. 이를 위해서 교회학교는 학생만 대상으로 하는 교육에서 벗어나 부모를 위한 교육으로 그 관심을 확대해야 한다.

교육의 거듭남은 학부모를 깨워 진정한 기독학부모로 세우는 데에 달려 있다. 기독학부모 교육은 부모들의 자녀교육관을 확립하는 기회일 뿐 아니라 부모들의 신앙을 회복하는 기회가 될 것이다. 한국 교회의 학부모들이 진정한 기독학부모로 깨어날 때 교회학교의 부흥은 새롭게 시작될 것이다.

부모학교에서는 부모가 자녀의 학업을 신앙적으로 지도할 수 있는 구체적인 내용을 다루어야 한다. 성경적인 학습법과 자녀교육에 대한 좋은 교재들을 얼마든지 구할 수 있다. 여기서 중요한 것은 목회자의 의지이다. 목회자들이 부모교육을 목회의 중요한 과제로 인식하고 5주 내지 8주 과정의 부모학교를 열도록 하자. 부모학교에서 강의보다 더 중요한 것이 나눔이다. 성경적인 원리를 소개하고 자신의 자녀교육을 서로 나눌 때 공감과 함께 용기를 얻게 될 것이다.

둘째, '주일에는 먼저 교회로' 캠페인을 펼치자. 주일 아침에 학원이나 학교에 가는 것이 아니라 교회에 가서 예배 드리는 것이 얼마나 큰 축복인지 깨우쳐야 한다. 중간고사, 기말고사 기간에도 전원 출석하기 운동을 해야 한다. 여름과 겨울 방학에는 학교 보충수업이나 학원 수업에 빠지더라도 교회의 수련회에 꼭 참석할 수 있도록 해야 한다.

주일 성수와 교회의 신앙 훈련에 우선순위를 두는 것은 신앙의 기본이다. 먼저 하나님의 나라와 의를 구하는 것이 무엇인지 몸으로 배워야 한다. 특목고나 명문대에 입학하는 것보다 더 중요한 것이 하나님께 예배하는 것임을 경험해야 한다. 이른바 '스카이' 대학에 합격한 학생의 이름을 현수막에 내거는 것이 아니라 이런 신앙으로 주일 성수하는 학생들의 이름을 귀하게 여겨야 한다. 교회의 가치관이 세속에 물들지 않을 때 교회는 비로소 세상의 소금과 빛이 될 수 있다.

이를 위해서는 목회자가 전교인을 대상으로 하는 설교 시간에서부터 주일 성수와 자녀 신앙교육의 중요성을 선포해야 한다. 교회학교 교역자는 물론 교사들이 이 캠페인의 중요성을 공감하고 적극적으로 학생들을 참여시키고 격려해야 한다. 지도자들이 먼저 기독교교육의 우선순위에 대한 확신을 갖고 솔선수범해야 한다.

셋째, 교회교육을 계속 축소하는 방향으로 나아갈 것이 아니라 적극적으로 신앙과 교육을 결합할 수 있는 양질의 프로그램들을 새로 만들고 이를 적극 추진해야 한다.

오늘날 변화하는 대학 입시 상황과 관련해 아이들이 필요로 하는 것이 있지만 학교가 적극적으로 대응해주지 못한 부분들이 많다. 이런 부분들을 교회가 적극적으로 공략할 필요가 있다. 초등학생의 경우 교회가 양질의 도서 확보와 독서 및 글쓰기 지도자와 자원봉사자 훈련을 통해 좋은 책을 통한 신앙과 공부의 통합을 시도할 수 있다. 중고생의 경우 교회 내 다양한 직업인들을 묶어서 진로교육을 실시할 수 있고, 각 교과를 어떻게 신앙적인 관점에서 접근할 수 있을지와 관련된 학습 캠프 혹은 특강을 시도할 수도 있다. 교회 차원에서 사랑의 집짓기 운동 등과 같은 의미 있는 봉사 활동을 주도해 아이들에게 교육적인 스펙을 쌓게 하면서 이를 신앙과 연결시키는 일을 도와줄 수도 있다.

큰 교회에서만 이런 일을 할 수 있다고 생각하면 안 된다. 작은 교회는 작은 교회 나름대로 장점을 살릴 수 있다. 작은 교회의 경우 노인부터 아이에 이르기까지 모두가 상호간의 인격적인 교제가 가능하기 때문에 어른들 한 사람 한 사람의 삶이 아이에게 좋은 교육의 장이자 신앙의 모델이 될 수 있다.

또한 아이가 교회에서 주변부가 아닌 중심부에서 자기의 역할을 하도록 기회를 줄 수 있다. 어른 예배의 피아노 반주나 예배 안내, 교회 행사의 중요한 부분을 맡기는 것이다. 이런 일들 하나하나에 교육적인 의미를 부여하며 학교가 감당하지 못하는 각 개인의 삶과 교육의 이력들을 만들어갈 기회를 줄 수 있다.

교회가 학교로 들어가야 한다

> 아이를 교회로 데리고 와서 스스로 울게 하는 것이 나중에 어른이 된 다음 법정에서 흐느끼게 하는 것보다 낫다. —프뢰벨

요즘 교회들의 최대 고민은 아이들이 교회로 오지 않는다는 것이다. 아이들을 교회에 오게 하려고 여러 가지 다양한 노력을 하지만 입시 경쟁이 날로 치열해지는 상황에서 아이들을 교회로 오게 하는 것이 결코 쉽지 않다. 그렇다면 이제 아이들을 교회에 오게 하는 노력에 더하여 교회가 아이들이 있는 곳으로 직접 찾아가는 노력을 해야 한다. 특별히 아이들이 가장 많은 시간을 보내는 '학교'에 주목하고 학교로 찾아가는 노력을 해야 한다. 입시로 인해 학교가 중병을 앓고 있다고는 하지만 그래도 아이들은 날이 밝으면 학교로 가지 않는가.

그렇다면 교회가 어떻게 학교로 들어가서 아이들과 관계를 맺

이제 아이들을 교회에 오게 하는 노력에 더하여
교회가 아이들이 있는 곳으로 찾아가는 노력을 해야 한다.
특별히 아이들이 가장 많은 시간을 보내는 '학교'에
주목하고 학교로 찾아가는 노력을 해야 한다.

을 수 있겠는가? 그러려면 교회가 학교의 필요를 채워주어야 한다. 우선 학교 내 가난한 아이들에게 장학금을 제공할 수 있다. 또 상담실과 연계해서 사역자가 상담 자원봉사자로 들어가거나 계발활동 자원교사 등으로 지원할 수 있다. 어떤 학교는 인근 학교 운동부를 적극 지원해주고 운동부가 경기에 출전할 때 기도와 격려, 응원 등을 해줌으로써 학교와 연결 고리를 맺기도 한다. 찾아보면 학교와 관계를 맺을 수 있는 끈은 수없이 많다. 이를 위해 교회가 예산을 확보하고 사역자나 교인 가운데 시간과 재능을 가진 이들을 훈련해서 연결해줄 필요가 있다.

교회가 학교와 연결될 수 있는 또 하나의 중요한 고리는 학교에서 근무하는 기독교사이다. 사역자가 단독으로 학교에 들어가는 것은 어렵지만 학교 내 기독교사가 연결 고리가 되어주면 사역자가 매주 1회 점심시간에 학교에 들어가 자신의 교회에 출석하는 아이들을 만나고 아이들의 친구들을 통해 복음의 접촉점을 가질 수 있다. 약간의 간식만 가지고 가도 아이들과 만날 자리를 얼마든지 마련할 수 있다. 어른들이 주중에 구역모임을 하듯이 아이들은 주 1회 학교에서 구역모임을 하는 셈이다.

교회 중고등부 사역자들이 반드시 주중에 교회 아이들이 많이 다니는 학교를 순회할 수 있도록 교회가 지원을 해야 한다. 이렇게 사역자가 학교로 찾아가 아이들을 만남으로써 아이들은 학교에서 자신이 그리스도인임을 드러내는 훈련을 하고 학교에서 친구들을 전도하는 훈련을 하게 된다.

좀 더 나아가 교회가 예산과 사역자, 자원봉사자를 투입할 경우 학교 계발활동이나 동아리의 기독학생반 지도교사와 연계해서 이 사역을 진행할 수 있다. 현재 학교 내 기독교사들 가운데 충분히 훈련된 이들은 스스로 기독학생반을 운영해 많은 열매를 맺고 있지만, 1년 동안 기독학생반을 이끌어갈 만큼 준비가 되지 않았거나 너무 바빠 여유가 없는 이들은 외부의 도움을 절실히 기다리고 있다. 이런 교사들과 연계해 기독학생반을 개설할 경우 교회가 장소를 제공하고 사역자와 자원봉사자를 투입하며 재정을 지원하면 학교 내의 기독학생반을 활성화시킬 수 있다.

그러기 위해 교회는 우선 교회 내에 있는 기독교사에 주목해야 한다. 기독교사가 학교에서 아이들에게 복음을 전하는 사역자라는 사명감을 갖도록 훈련하며 이를 지원해야 한다. 교회에 기독교사가 없을 경우 그 지역의 기독교사모임을 통해 기독교사들과 정기적으로 만나고 그들을 통해 교회의 물질과 사역자와 자원봉사가 학교와 아이들에게 흘러가도록 해야 한다. 이렇게 할 때 학교가 열리고 그곳에 있는 아이들에게 복음이 전해질 것이다.

학생들이 교회만이 아니라 학교에서도 기독교사를 만날 수 있다면 신앙에 큰 격려가 되고 자연스럽게 신앙과 학업이 연계될 것이다. 교회 내의 기독교사들이 좋은교사운동과 같은 건전한 기독교사단체에서 훈련을 받을 수 있도록 안내하면 교회와 학교를 연결하는 중요한 역할을 감당할 수 있을 것이다.

교회 내 학부모들에게 자녀가 다니는 학교의 기독학부모회 혹은 학부모 기도모임을 조직하게 하는 것도 한 방안이다. 공식 조직까지는 안 되더라도 몇 명이라도 모여서 학교 내 여러 문제와 선생님, 아이들을 위해 정기적으로 기도할 수 있다. 기독학부모 모임은 학교 내 기독교사 모임과 연계해 기도제목을 제공받고 영적 연대의 끈을 만들어갈 수 있다.

교회와 학교의
담 허물기

주일학교 교육은 모든 교육의 모체다. —무명

한국 교회가 입시·사교육 문제를 해결하기 위해서는 교회와 학교의 관계가 보다 밀접해질 필요가 있다. 한 아이가 하나님의 일꾼으로 크는 것은 교회와 학교의 공통된 관심이 되어야 한다. 왜곡된 입시 위주의 교육으로 이기적이고 편협한 인간을 키우는 것이 기독교교육일 수 없다. 한 아이가 하나님의 사람으로 성장하여 이 세상을 하나님의 나라로 변화시켜나가는 참다운 기독교교육이 이루어지기 위해서는 교회와 학교가 서로 협력해야 한다.

그러나 오늘날 우리의 모습은 어떠한가? 교회와 학교는 서로 철저히 분리되어 있다. 학교에서는 왜 공부하는지에 대한 분명한 교육 가치와 신앙교육이 사라지고 있고, 교회에서는 국어, 영어, 수학이 하나님 나라와 어떤 관계에 있는지 말해주지 못하고 있다. 오늘날 기독교교육이 맞이한 위기 가운데 하나가 바로 교회와 학교의 분리이다.

그렇다면 교회와 학교는 어떤 관계인가? 교회는 종교기관이고 학교는 교육기관이기 때문에 전혀 관계가 없는 것인가? 우리나라의 경우 선교 초기부터 교회와 학교가 밀접한 관계를 지니고 있었다. 최초의 선교사들이 학교를 설립했으며 1900년대 초기 한국의 토착교회들이 무려 800여 개의 학교를 설립했다.

한 예로 한경직 목사의 삶을 연구하다보면 그의 소학교 시절에 주목하지 않을 수 없다. 평안도 간리에서 태어난 그가 다닌 교회는 자작교회였고, 그가 다닌 학교는 그 교회가 세운 진광소학교였다. 조그마한 마을에 있는 자작교회와 진광소학교는 아름다운 협력 관계를 맺고 있었다. 특히 자작교회의 우용진 전도사와 진광소학교의 홍기두 선생은 한경직이라는 소년을 어떻게 가르치고 키울 것인가에 대해 서로 의논하며 그를 오산학교로 진학시키는 일도 함께 결정했다.

한경직 목사는 소학교 시절의 두 사람을 잊을 수 없는 분들로 기억하고 있다. "그때 교회에 우용진 전도사님이 계셨는데, 결국 그 두 분(우용진 전도사와 홍기두 선생)이 의논하여 저를 가까이에 있는 평양의 숭실학교에 보내지 않고 오산학교로 보내기로 결정했습니다. 오산학교가 더 애국하는 학교였기 때문입니다."

오늘날에도 교회와 학교는 다양한 관계를 맺고 있다. 첫째는 교회가 학교를 예배 장소로 사용하는 경우이다. 요즈음 많은 교회들이 학교 시설에서 예배를 드린다. 별도의 교회 건물을 짓지 않고 주일날 비어 있는 학교 강당에서 예배를 드리고 교실에서 성경공부를 진행한다. 교회는 건축비를 절감할 수 있고 학교는 임대료와 장학금 등의 재정적인 도움을 받을 수 있다.

둘째는 교회가 기독교학교를 설립하는 경우이다. 영락교회를 비롯한 많은 교회들이 이미 기독교학교를 설립했고, 최근에도 여러 교회들이 다음 세대를 기독교적 가치관으로 양성하기 위해 인가받지 않은 형태의 기독교 대안학교들을 설립하고 있다.

셋째는 교회가 학원선교를 위해 학교를 지원하는 경우이다. 교목을 파송하기도 하고 학원선교 단체를 후원하기도 하며 지역에 소재해 있는 학교의 CA 활동이나 교문 앞 전도를 통해 학원선교에 참여하고 있다.

이러한 교회와 학교의 밀접한 관계는 매우 바람직한 것으로서 서로에게 큰 힘이 될 수 있다. 사실 교회와 학교가 모두 사람을 변화시키는 데 관심이 있기 때문에 얼마든지 서로에게 도움이 될 수 있다. 진정한 기독교교육은 교회만이 할 수 있는 것도 아니고 학교만이 할 수 있는 것도 아니다. 교회와 학교가 협력할 때 신앙과 학업, 학업과 신앙이 연결되고 진정한 기독교교육이 가능해진다.

오늘날 교회는 학교와 아이들의 학업 및 진로에 대해 어떤 관심을 갖고 있는가? 학교는 아이들을 진정 어떤 가치를 지닌 인간으로 키우기를 원하고 있으며 그들의 신앙과 인격에 관심을 갖고 있는가? 원래 기독교교육은 분리되어 있는 것이 아니며 하나님의 교육명령은 교회 안에서의 교육만 의미하지 않는다. 초창기 주일학교 운동이나 초기 한국 교회의 기독교교육운동도 결코 학교와 분리된 교회교육이 아니었다.

오늘날 교육 현실이 우리에게 절실하게 요청하고 있는 것은 자작교회와 진광소학교 그리고 우용진 전도사와 홍기두 선생처럼 교회와 학교가 아름답게 협력하는 모습이다. 따라서 궁극적으로 학교와 교회는 장소를 대여하고 장학금을 지원받거나 학교를 설립하여 후원하거나 학원선교에 동참하는 정도를 넘어 더 본질적인 교류를 나누어야 한다.

하나님의 생기를 불어넣어야 에스겔 골짜기의 뼈들이 살아나듯 우리의 교육도 살아날 수 있다. 교회는 학교를 위하고, 학교는 교회를 위하는 공생적 협력이 이뤄질 때 한국 교회는 세계 교회 앞에 교회와 학교, 학교와 교회가 연계된 새로운 역동적 목회모델을 제시할 수 있을 것이다.

대안학교를 꿈꾸는 교회들에게

> 기독교 원리를 뺀 교육을 시키면 다만 영리한 작은 마귀들만 만들어낼 뿐이다. -C. S. 루이스

최근 몇 년 사이에 기독교 대안학교를 설립했거나 설립하려는 교회들이 늘어나고 있다. 우리 교육이 가지고 있는 많은 문제들과 한국 교회가 가지고 있는 잠재력을 생각할 때 일단 긍정적인 현상이라고 할 수 있다. 특별히 한국 교회가 신앙 전승에 실패하고 세속 교육에 우리의 자녀들을 뺏기고 있는 현실을 깊게 자각하고 이를 극복하기 위한 대안으로 벌이는 기독교 대안학교 운동은 꼭 필요한 일일 것이다. 하지만 기독교 대안학교 운동이 정말 우리의 자녀를 믿음의 자녀로 온전히 길러내고, 우리 교육계에 진정한 교육의 본질과 대안을 보여주기 위해서는 다음 몇 가지를 깊이 생각할 필요가 있다.

> 기독교 대안학교를 설립하기만 하면 기독교교육이
> 살아날 것이라고 생각한다면 큰 오산이다.
> 먼저 가정의 신앙교육, 교회교육, 학부모 교육 등을 통해
> 기독교 가치관에 기초한 교육이 충분히
> 이루어지도록 노력해야 한다.

첫째, 교회 내 기독교교육과 관련된 충분한 인식의 공유가 있어야 한다. 기독교 대안학교 운동은 기독교교육의 전부가 아닌 일부이며 다른 부분에서 기독교 교육적인 기초가 충분히 다져진 이후에 나올 수 있는 열매이다. 기독교교육은 기독교 대안학교뿐 아니라 가정에서 신앙교육을 어떻게 할 것인가, 공교육에 자녀를 보낼 때 기독학부모로서 무엇을 어떻게 해야 하는가, 교회교육에 어떻게 생명력을 더할 것인가 하는 문제들을 포함하고 있다.

그러기 때문에 교회 내 가정에서 신앙교육이 잘 이루어지지 않고 교회학교는 죽어가고 있으며 공교육에 자녀를 보내는 부모들은 아무런 문제의식이 없는 상태에서 기독교 대안학교를 설립하기만 하면 기독교교육이 살아날 것이라고 생각한다면 큰 오산이다. 교회가 기독교 대안학교를 설립할 생각이 있다면 먼저 가정의 신앙교육, 교회교육, 공립학교에 자녀를 보내는 학부모 교육 등을 통해

기독교 가치관에 기초한 교육이 충분히 이루어지도록 노력해야 한다. 수차례 시도하고 열매를 맺어가는 가운데 교회 전체에서 기독교 대안학교까지 함께하자는 논의가 나오도록 해야 할 것이다.

둘째, 기독교 대안학교에서 가르칠 수 있는 교사와 교육과정에 대한 준비를 충분히 한 후에 시작해야 한다. 많은 교회에서 선한 뜻과 돈만 있으면 교사나 교육과정은 쉽게 준비될 수 있을 것이라고 생각한다. 하지만 기독교 세계관으로 자신의 교과를 분석하고 나아가 아이들을 제대로 가르칠 만큼 준비된 교사를 구하기가 쉽지 않다. 그러한 교사를 구했다 할지라도 교사들이 공동체로 묶여 있지 않으면 교육적 힘을 발휘할 수 없다. 그러므로 학교 설립을 계획했다면 이러한 가능성을 가진 교사들을 미리 선발해서 몇 년간 함께 뜻을 공유하고 이들이 학교의 교육과정을 만들어갈 수 있도록 충분한 시간을 주어야 한다.

셋째, 기독교 대안학교에 제기되는 여러 문제들을 진지하게 검토하고 충분히 답변하는 가운데 학교 설립을 준비해야 한다. 기독교 대안학교들에 제기되는 질문들은 다음과 같다.

"아이들을 세상 가운데서 세상을 변혁하는 그리스도인으로 길러야 되는데 기독교 대안학교는 온실교육을 시키는 것이 아닌가?"

"국가의 지원을 받지 못할 경우 결국 학부모가 비싼 수업료를 지불해야 하는데 그렇다면 귀족학교가 되는 것은 아닌가?"

"대학 입시 문제는 어떻게 할 것인가?"

"기숙형 학교는 가정교육을 침해하고 도시형 학교는 충분한 시설을 갖출 수 없는데 이 문제를 어떻게 해결할 것인가?"

"교회가 학교를 설립하는 데서 끝나지 않고 지속적으로 재정 지원을 해야 하는데 학교에 자녀를 보내지 않는 교인들의 동의를 지속적으로 끌어낼 수 있는가?"

이러한 문제 하나하나가 결코 쉬운 답을 가지고 있지 않다. 각 질문에 어떤 답을 하느냐에 따라 학교의 성격도 많이 달라진다. 교회는 이에 대한 답을 가지고 분명하게 설명하면서 학교 설립을 준비해야 할 것이다.

넷째, 기독교 대안학교를 시작하기 전에 방과후학교나 주말학교, 공부방이나 지역아동센터 등을 통해 경험을 충분히 쌓아야 한다. 학교보다 규모는 작지만 학교 같은 성격을 가지고 있는 방과후학교, 주말학교, 공부방이나 지역아동센터에서 교회가 기독교 대안학교를 통해서 구현하려는 교육내용을 일부라도 실행해보는 것이다. 막상 학교를 시작하고 나면 부딪히게 될 많은 시행착오를 줄이고, 또 우리에게 무엇이 부족한지 발견해서 보완해갈 수 있다.

지금 여기서 시작되는
거듭난 교육

> 가르치는 자들은 가르침을 받기도 해야 한다. —무명

우리나라의 입시·사교육 문제를 바로 세우는 일은 거의 미션 임파서블(mission impossible)로 보인다. 계란으로 바위 치기 식이다. 그러나 오늘날 우리 교육이 왜곡되어 있고 그릇 나가고 있으며 이로 인해 수많은 아이들이 고통당하고 있다면 이제라도 이를 바로 세우는 것이 옳은 일임에 틀림없다. 그것이 옳고 하나님이 원하시는 일이라면 마침내 이루어질 수밖에 없을 것이다. 제도적이고 구조적인 변화를 일으키기 위한 노력도 해야겠지만 부모와 교사, 학생들의 의식이 변화되는 것이 더 중요하다. 의식의 변화 없이는 아무리 좋은 제도도 다시 변질될 수밖에 없기 때문이다.

먼저 그리스도인들 사이에서 자녀교육을 성경적으로 바라보고

> 인원이 많다고 영향력이 커지는 게 아니다.
> 참된 제자도를 실천하는 그리스도인들, 즉 입시 위주의
> 교육과 사교육 열풍 속으로 자녀를 내몰지 않고 기독교적
> 가치관으로 자녀교육을 생각하며 실천을 결단하는
> 그리스도인들이 이 사회에 꼭 필요한 짠맛을 내며
> 선한 영향력을 미칠 수 있다.

실천하는 의식변화와 실천운동이 일어난다면 칠흑같이 어두운 이 땅의 교육에 밝은 빛이 비치기 시작할 것이다. 한국 교회 초창기에는 교인 수가 많지 않았지만 그들이 소금 역할을 하여 사회가 부패하는 것을 막을 수 있었고 도박, 음주, 축첩제도 등을 타파할 수 있었다. 인원이 많다고 영향력이 커지는 게 아니다. 참된 제자도를 실천하는 그리스도인들, 즉 입시 위주의 왜곡된 교육과 사교육의 열풍 속으로 자녀를 내몰지 않고 기독교적 가치관으로 자녀교육을 생각하며 실천하기로 결단하는 그리스도인들이 이 사회에 꼭 필요한 짠맛을 내며 선한 영향력을 미칠 수 있다.

    입시·사교육 문제의 해결은 지금^{now} 그리고 여기^{here}서부터 시작되어야 한다. 남이 아니라 나부터 시작해야 한다. 내가 속한 교회와 학교, 공동체가 먼저 시작해야 한다. 작은 물방울이 모여 시냇물이 되고 강줄기를 이루고 마침내 거대한 바다가 되는 것처럼

한 사람 한 사람의 지금, 여기서의 실천을 통해 도무지 변화되지 않을 것 같은 이 땅의 왜곡된 교육이 변화되는 모습을 보게 될 것이다.

"변화는 가능하다." It's possible. 도저히 변화될 것 같지 않던 노예제도나 인종차별제도, 남녀차별제도도 변화되었던 것처럼 고통스러운 우리의 교육 현실도 변화될 수 있다. 이러한 믿음과 희망을 갖고 나아갈 때 불가능은 없다.

중요한 것은 내가 할 수 있는 일부터 시작하는 것이다. 부모는 부모로서, 교사는 교사로서, 학생은 학생으로서, 목회자는 목회자로서 할 수 있는 일을 찾아 실천해야 한다. 그리고 공동체를 이루어야 한다. 삼겹줄은 끊어지지 않는다. 서로가 작은 실천이라도 크게 격려할 때 아름다운 변화가 일어나기 시작할 것이다. 교회 안에서 목회자들이 하나님의 교육을 실천하고, 부모들의 기도모임이 시작되며, 그들의 자녀교육이 성경적인 가치관으로 변화될 때 이 땅의 교육은 치유되기 시작할 것이다.

하나님이 원래 계획하고 기대하셨던 교육이 실현되는 것은 저 멀리 있는 일이 아니다. 교육의 영역에서 하나님의 나라가 이루어지는 것은 지금 여기서부터이고, 그 주인공은 바로 당신이다.

삶의 우선순위를 바로 알고 자녀에게 가장 소중한 것을 주고자 하는 학부모들의 기도

기독청소년들의 입술을 통하여 찬양과 영광을 받으시는 주님의 이름을 찬양합니다. 더 많은 새로운 세대들이 과격하게 하나님을 섬기고 예배하도록 이끄실 하나님께 감사드립니다.

입시와 사교육의 문제로 자녀들의 신앙이 단절되어가고 있음에도 불구하고 그대로 방치한 우리의 죄와 허물을 용서해주십시오. 이 땅의 기독학부모들이 명문대학을 우상시 하는 교육 풍토에 물들어 주일에 자녀들을 학원으로 내몰아버린 죄를 회개합니다.

기독학부모들이 솔선수범하여 먼저 신앙의 원리에 설 수 있도록 이끌어주십시오. 하나님이 자녀의 주인이란 생각으로 자녀를 통해 하나님의 뜻이 이뤄지도록 기도하기 원합니다.

세상의 가치보다는 기독교적 가치관으로 자녀들을 양육하며 하나님이 주신 달란트를 계발하고 가족간에 대화하고 가정예배를 드리는 건강한 가치관과 교육관을 가지도록 성령님이 인도해주십시오.

아이들에게 최소한의 신앙교육 시간을 확보해주고자 시작된 입시·사교육 바로세우기 기독교운동이 온전한 신앙교육의 틀을 마련하는 좋은 기회가 되고 열매 맺도록 도와주십시오. 개교회와 지역교회가 서로 연합하여 아이들의 신앙을 뒷받침해 주는 계기가 되길 기도합니다.

우리 교육의 희망과 기독교적 대안을 찾아서

1. 내가 속한 교회가 무너진 교육의 회복을 위해서 무슨 일을 할 수 있을지 얘기해보자.

   ....
   ....
   ....

2. 진정한 기독교교육이 이루어지기 위해 교회와 학교의 담이 허물어져야만 한다면, 우리 교회가 주변 학교와 관계를 맺기 위해 어떤 방안을 모색할 수 있는지 나누어보자.

   ....
   ....
   ....

3. 입시·사교육 문제를 해결하기 위해 개인과 공동체, 교회가 '지금', '여기서'부터 할 수 있는 일은 무엇인지 구체적으로 얘기해보자.

   ....
   ....
   ....

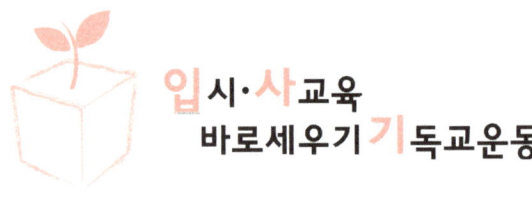

입시·사교육 바로세우기 기독교운동(이하 '입사기 운동')은 입시 문제와 사교육 문제로 피폐해진 우리의 교육 현실을 애통해하고 기독교적인 자녀교육을 회복하여 이 땅의 교육을 치유하고 황폐한 교육을 옥토로 바꿔가는 운동입니다. 기독교학교교육연구소, 좋은교사운동, 직장사역연합 세 단체가 모여 우리 사회에서 입시·사교육 문제로 고통받는 이들을 위로하고 기독교적 대안과 모델을 찾기 위해 시작했습니다.

입시와 사교육으로 고통받는 우리 교육의 문제는 제도적 문제일 뿐 아니라 의식과 신앙의 문제입니다. 이에 기독교계 내의 목회자와 성도들이 바람직한 기독교 교육관을 가지고 입시·사교육 문제를 해결할 수 있도록 다양한 운동을 전개하고 있습니다.

입사기 운동의 핵심 목표는 한국 교회의 목회자들과 교인들이 입시와 사교육에 대한 기독교적인 관점을 확립하고 신앙과 교육을 분리하여 생각하지 않는 의식전환을 통해 입시·사교육에 대한 사회 일반의 의식에 선한 영향력을 끼치는 것입니다. 이를 위해 다양한 캠페인과 새로운 교회문화 정착을 시도하며 기독교적 대안을 제시하고 있습니다(www.ipsagi.org).